究極の
英語リーディング

Standard Vocabulary List

［スラスラ読める最初の1000語］

Vol. 1

Foreword
はじめに

基本の1000語を使った英文で、
英語が分かる楽しさが味わえる!

『究極の英語リーディング Vol. 1』は、アルクが編集した「標準語彙水準12000」(Standard Vocabulary List[略称SVL 12000])をベースにした、新しいタイプのリーディング教材です。

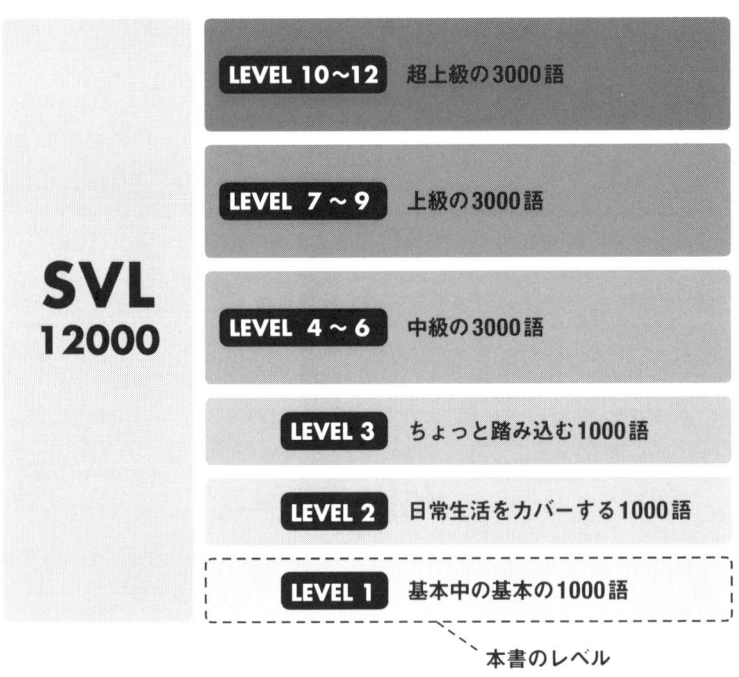

SVL 12000は、日本人英語学習者にとって有用な英単語を、全12段階にレベル分けした語彙リストです。本書の英文はSVLのLEVEL 1、つまり入門レベルの1000語をベースに書かれています。

　この1000語は英語の基礎を成す必須単語で、どのような英文にも登場する、基本的かつ重要なものばかり。本書では、こうした「知っている単語」ばかりを使った英文が収録されているので、「英語が分かる楽しさ」を味わいながら、スラスラ読むことができます。ただし、なじみのある単語であっても、意外な意味で使われたり、イディオムになっていたりすることもあるので、語注や訳を参考にしてください。

　また、さまざまなタイプの英文が収録されているのも本書の特徴です。物語やエッセイ、記事の他、TOEICで出題されるタイプの長文もあるので、これ1冊でさまざまな英文に慣れることができます。こうした英文を固まりごとに読む練習をしたり、音声を聞きながら読んだりすることで、英文を速く読むトレーニングも積むことができます。

　英語力をアップさせるには、英語に触れる機会を増やすことが効果的です。たくさんの英文を読めば、徐々に英語を理解するスピードが上がっていきます。それにより、リーディング力だけでなく、リスニング力、スピーキング力など、総合的な英語力が向上するのです。

　「英語のリーディング力を伸ばしたい」「仕事や趣味で英語を読みたい」という人はもちろん、「英語力をアップさせたい」人も、本書でリーディングに取り組み、ぜひ「英語が分かる楽しさ」を味わってください。

Contents
目次

はじめに ——————————————————— p. 2
目次 ————————————————————— p. 4
本書の使い方 —————————————————— p. 6
無料ダウンロード特典のお知らせ ———————————— p. 9
プライマリーテスト ———————————————— p.10

第1章 区切りながら読む ——————— p.15
第1章の学習手順 ————————————————— p.16
1 手紙 ——————————————————— p.18
2 記事①映画『ミステリー』 ——————————— p.24
3 エッセイ①朝食 ———————————————— p.30
4 記事②迷子の鳥 ———————————————— p.36
5 広告 ——————————————————— p.42
6 エッセイ②仕事に取り掛かろう！ ———————— p.48
7 記事③ニュース ———————————————— p.54
8 物語①最も重要な教え ————————————— p.60
9 保証書 —————————————————— p.66

第2章 速く読む ——————————— p.73
第2章の学習手順 ————————————————— p.74
10 記事④ムンクの『叫び』———————————— p.76
11 会社案内 ————————————————— p.82
12 エッセイ③クロゼットを片付けよう ——————— p.88
13 記事⑤ジャッキー・ロビンソン ————————— p.94
14 契約書 —————————————————— p.100
15 物語②ハグが双子を救う ———————————— p.106

- **16** 記事⑥兼六園 — p.112
- **17** 物語③スペシャルコーヒー — p.118
- **18** 履歴書 — p.124

第3章 エッセイ・物語・記事を読む — p.131

第3章・4章の学習手順 — p.132
- **19** エッセイ④クリスマス — p.134
- **20** 物語④親友 — p.140
- **21** 記事⑦法隆寺 — p.146
- **22** 物語⑤幸運のチップ — p.152
- **23** エッセイ⑤新しい言語を学ぼう — p.158
- **24** 物語⑥象の綱 — p.164
- **25** 記事⑧孔子 — p.170
- **26** 物語⑦危険なドライブ — p.176
- **27** 物語⑧獄中からのお手伝い — p.182

第4章 TOEIC頻出タイプの英文を読む — p.189

- **28** ウェブサイト — p.190
- **29** 連絡票 — p.196
- **30** フォーム — p.202
- **31** メール — p.208
- **32** 求人広告 — p.214
- **33** 告知 — p.220
- **34** 見積もり — p.226
- **35** スケジュール表 — p.232
- **36** 取扱説明書 — p.240

ファイナルテスト — p.248
LEVEL 1 全単語リスト — p.253

How to Use This Book
本書の使い方

本書では第1章、第2章、第3・4章でそれぞれ学習手順が少しずつ異なっています。ここでは第1章を見本にして、基本的な学習手順を紹介します。
一つの英文は3つのラウンドで学習します。各ラウンドで英文を1回読み、幾つかの課題と問題に取り組みましょう。
各章の詳しい学習手順は、それぞれ第1章、第2章、第3章の冒頭にあります。

ROUND 1

A 学習する英文の総語数と難易度です。難易度は以下の3段階に分かれています。

★☆☆：易しい
★★☆：普通
★★★：難しい

B ROUND 1 では「意味の固まりごとにスラッシュを入れる」「音声を聞く」などの課題を行いながら英文を読みます。

C 学習する英文です。読む時はできるだけ一度で概要をつかむようにしてください。英文の書体は変わることがあります。

D 内容を理解したか確認する問題です。

学習のポイント

本書では「英文を前から理解していく」「時間を計って読む」などの方法で、読解スピードを上げることを目指します。英文を読む際には「できるだけ前に戻らずに読む」「一文一文訳すのではなく、内容を理解することを目標にする(分からない部分は飛ばす)」ように心掛けてください。

本書に収録されている英文は、エッセイ・物語・記事などの他、TOEICでよく出題される、ウェブサイト、メール、求人広告、告知などさまざまです。興味が持てないものを無理に読もうとすると、学習が続きません。面白く感じる内容や、理解しやすいものから学習しても構いません。

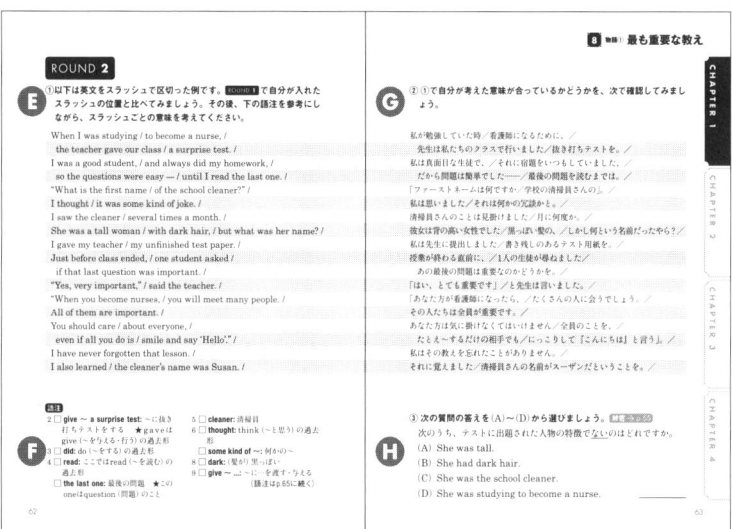

ROUND 2

- **E** ここでは ROUND 1 で入れたスラッシュの位置を確認したり、スラッシュごとの意味を考えたりする課題に取り組みます。
- **F** 英文の語注です。意味の分からない語句を確認してください。語注は **N**(p.8参照)に続くことがあります。語注に付いている数字は **C** の英文の行数と対応しています。
- **G** **E** の課題の答えがここにあります。
  *第2～4章では、この後で時間を計りながら英文を読みます。
- **H** ROUND 2 の問題です。内容を理解したか、ここで確認してみましょう。

ROUND 3

I ROUND 3 では、音声を聞きながら英文を読みます。

J ROUND 3 の問題です。内容を理解したか、ここで確認してみましょう。

K D H J で出題された問題に解答するためのヒントが、英文中のどこにあったかを示しています。

L D H J の問題の答えです。

M C の英文の訳です。ここでも問題のヒントの位置が下線で示されます。

N F で入りきらなかった語注がここに続くことがあります。

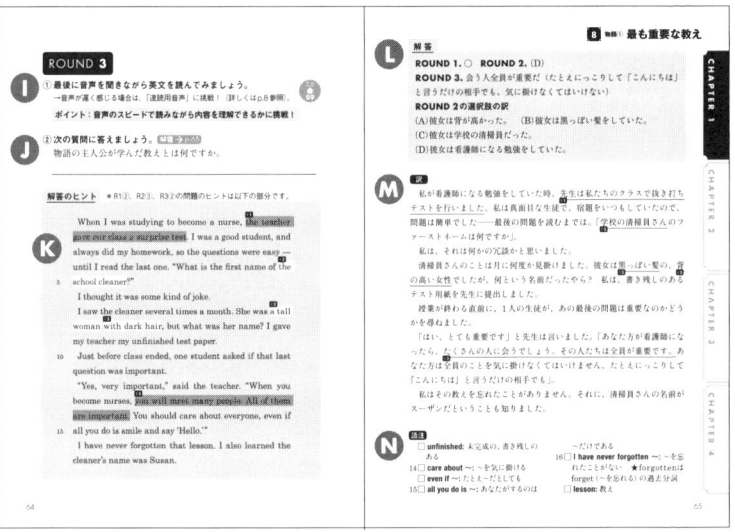

音声について

本書の英文を朗読した音声には、以下の2種類あります。

・**通常音声（付属CDの音声）**：100WPM程度（1分間に100語程度の速度）
・**速読用音声（ダウンロード音声）**：130WPM程度（1分間に130語程度の速度）

本書では、まず1分間に100語程度の速度で読むことを目標とし、付属CDに収録された音声を使用して学習します。もしこの速度が遅く感じる場合は、ダウンロードした音声を学習にご使用ください。ダウンロード方法については、次ページにあります。

無料ダウンロード特典のお知らせ

本書に収録されている英文を付属CDよりも速い速度で朗読した「速読用音声」と、長めの物語（1本）などが無料でダウンロードできます。
本書で音声を使用した学習を行う際に、CDの音声が遅く感じる場合は、「速読用音声」をダウンロードしてご使用ください。
なお、CDと同じ内容の音声をダウンロードいただくこともできます。

特典ダウンロードはこちらにアクセス！

●ダウンロードセンター（PC専用）

http://www.alc.co.jp/dl/

●語学のオトモALCO（無料アプリ）

https://www.alc.co.jp/alco/

●提供素材

・速読用音声（MP3音声）
・物語『子犬売ります』（PDF & MP3音声）
・スラッシュ記入用シート（PDF）

＊ダウンロードしたファイルは、解凍ソフトで展開の上、ご使用ください。
＊本サービスの内容は予告なく変更する場合がございます。あらかじめご了承ください。

付属CDについて
●弊社制作の音声CDは、CDプレーヤーでの再生を保証する規格品です。
●パソコンでご使用になる場合、CD-ROMドライブとの相性により、ディスクを再生できない場合がございます。ご了承ください。
●パソコンでタイトル・トラック情報を表示させたい場合は、iTunesをご利用ください。iTunesでは、弊社がCDのタイトル・トラック情報を登録しているGracenote社のCDDB（データベース）からインターネットを介してトラック情報を取得することができます。
●CDとして正常に音声が再生できるディスクからパソコンやmp3プレーヤー等への取り込み時にトラブルが生じた際は、まず、そのアプリケーション（ソフト）、プレーヤーの製作元へご相談ください。

プライマリーテスト

各章の学習を始める前に、まずテストに挑戦してください。読むのが難しく感じるかもしれませんが、力試しのつもりで取り組んでみましょう。
本書を学習した後に、「ファイナルテスト」(p.248)にも挑戦し、結果を比較してください。

[物語] スーパーキャット

| 語数：205
| 難易度：★★☆

ある少年が遊んでいると犬に襲われてしまいました。
周りには誰も大人がいません。果たして少年はどうなるのでしょうか。

挑戦してみよう

①時間を計りながら英文を読んで、かかった時間をp.12の「記録欄」に書き留めてください。続いてp.12の問題に答えましょう。余裕のある人は音声も聞いてください。

Some people say dogs are useful, but cats don't do any good. But some cats do a great job.

One day, little Tommy was playing with his bicycle in front of his house. It was a fine day, and he was very happy. Tommy really enjoyed playing with his bicycle.

But then, an angry dog came into Tommy's yard. It ran close to Tommy and suddenly bit him on the leg. Tommy cried for help. But his mother was not in the yard and there was no one near Tommy.

Tommy's cat, Tara, saw what was happening. She ran to Tommy's side and threw her body against the dog. The dog was very surprised. It let go of Tommy's leg and ran away.

Tommy's mother heard a strange noise and ran to Tommy's side. She saw two large cuts in his leg, so she took him to the doctor. The doctor said, "Tommy will be fine. You are so lucky that Tara saved him!"

When Tommy's father came home from work, he said, "I was very surprised. Cats don't usually do that kind of thing. I think Tara is very special." And, for her dinner, Tara got a lot of salmon, her favorite food.

②次の問題の答えを(A)〜(D)から選んでください。

トミーを犬から助けたのは誰でしたか。

(A) Tommy's father
(B) Tommy's mother
(C) Tommy's cat
(D) The doctor

記録欄

①と②の結果を記録しておきましょう。

① ⏱ 読むのにかかった時間： ☐ 分 ☐ 秒

② 解答結果（どちらかに○）：（正解 ・ 不正解）

→ **本書で学習後「ファイナルテスト」(p.248) に挑戦して、その結果と比較してください。**

語注

1 ☐ **useful:** 役立つ
　☐ **not do any good:** 何の役にも立たない
2 ☐ **do a great job:** 良い仕事をする、大活躍する
3 ☐ **in front of 〜:** 〜の前で
4 ☐ **fine:** 天気がいい、とても元気な
5 ☐ **enjoy playing:** 遊ぶのを楽しむ
6 ☐ **came:** come（来る）の過去形
　☐ **yard:** 庭
　☐ **ran:** run（走る）の過去形
7 ☐ **bit:** bite（[歯で]〜にかみつく）の過去形
8 ☐ **cry for help:** 助けを求めて叫ぶ
10 ☐ **saw:** see（〜を見る）の過去形
　☐ **what was happening:** 何が起きていたのか
11 ☐ **side:** そば、近く
　☐ **throw her body against 〜:** 〜に体当たりする ★threwはthrowの過去形
12 ☐ **let go of 〜:** 〜を放す ★このletは過去形
　☐ **run away:** 逃げる
14 ☐ **heard:** hear（〜を聞く）の過去形
15 ☐ **cut:** 切り傷
16 ☐ **took:** take（〜を連れて行く）の過去形
　☐ **said:** say（〜と言う）の過去形
21 ☐ **got:** get（〜をもらう）の過去形
　☐ **salmon:** サケ、サーモン
　☐ **favorite:** 大好きな、好物の

プライマリーテスト

訳 ＊解答のヒントは以下の下線の部分です。

　犬は役立つけれど猫は役に立つことをしない、と言う人がいます。でも、猫の中には大活躍するものもいるのです。

　ある日、幼いトミーが家の前で、自転車で遊んでいました。天気のいい日で、彼はとても上機嫌。トミーは自転車で遊ぶのを本当に楽しんでいました。

　ところがその時、不機嫌な犬がトミーの庭に入ってきました。そいつはトミーの方へ走ってきて、突然足にかみつきました。トミーは助けを求めて叫びました。でも、お母さんは庭におらず、トミーの近くには誰もいませんでした。

　②<u>トミーの飼い猫タラ</u>は、何が起きているのかを見ました。<u>彼女はトミーのそばに駆け付け、犬に体当たりをしたのです。犬はとても驚きました。そいつはトミーの足を放して逃げていきました。</u>

　トミーのお母さんは異様な物音を聞いて、トミーのそばに駆け付けました。息子の足に２カ所の大きな傷を見つけたので、医者に連れて行きました。お医者さんは「トミーは元気になりますよ。タラが助けてくれたなんて、とても幸運ですね！」と言いました。

　トミーのお父さんは仕事から帰宅すると「とても驚いたよ。猫は普通、そんなことしないから。タラはとても特別なのだろうね」と言いました。そして、タラは晩ご飯に、好物のサーモンをたくさんもらいました。

②の解答のヒント　＊解答のヒントは以下の下線の部分です。

　Some people say dogs are useful, but cats don't do any good. But some cats do a great job.

　One day, little Tommy was playing with his bicycle in front of his house. It was a fine day, and he was very
5　happy. Tommy really enjoyed playing with his bicycle.

　But then, an angry dog came into Tommy's yard. It ran close to Tommy and suddenly bit him on the leg. Tommy cried for help. But his mother was not in the yard and there was no one near Tommy.

10　②<u>Tommy's cat, Tara,</u> saw what was happening. <u>She ran to Tommy's side and threw her body against the dog. The dog was very surprised. It let go of Tommy's leg and ran away.</u>

　Tommy's mother heard a strange noise and ran to
15　Tommy's side. She saw two large cuts in his leg, so she took him to the doctor. The doctor said, "Tommy will be fine. You are so lucky that Tara saved him!"

　When Tommy's father came home from work, he said, "I was very surprised. Cats don't usually do that kind of
20　thing. I think Tara is very special." And, for her dinner, Tara got a lot of salmon, her favorite food.

②の解答

(C)

選択肢の訳

(A) トミーの父　(B) トミーの母　(C) トミーの猫　(D) 医者

CHAPTER 1

第1章
区切りながら読む

第1章の学習手順	p.16
1 手紙	p.18
2 記事①映画『ミステリー』	p.24
3 エッセイ①朝食	p.30
4 記事②迷子の鳥	p.36
5 広告	p.42
6 エッセイ②仕事に取り掛かろう！	p.48
7 記事③ニュース	p.54
8 物語①最も重要な教え	p.60
9 保証書	p.66

第1章の学習手順

第1章では、英文を意味のまとまりごとにスラッシュで区切りながら読む練習（スラッシュリーディング）をします。意味のまとまりごとに理解することで、英文を一語一語読んでいくよりも、読むスピードが速くなります。スラッシュリーディングは英文の読み方の基本となるテクニックなので、ぜひ身に付けてください。

ROUND 1

① 英文の固まりごとにスラッシュを入れながら読みます。区切る位置については以下の「スラッシュで区切る位置の目安」を参考にしてください。
慣れてきたら、もっと大きな固まりで区切っても構いません。
スラッシュを入れるのが難しい場合は、ROUND 2 のスラッシュの入った英文を読んでください。

> ①p.16を参考に、意味の固まりごとにスラッシュを入れながら、英文を読んでみましょう。1回で文の概要をつかむようにしてください。
> ポイント：読む時には、前に戻らないで英語の語順のまま理解しよう！
>
> Hello,
> My name is Bob Reed, and I live on 26th Street, a few blocks north of you. When I was walking my dog in Hartford Park yesterday, I found a key in the grass.

学習のねらい 英文の頭から固まりごとに理解していくことで、文の途中で意味が分からなくなったり、前に戻って繰り返し読んだりすることが防げるため、速く読めるようになります。読む時には文頭から順に読んでいき、なるべく前に戻って読まないように注意してください。

スラッシュで区切る位置の目安
1) 長い主語の後　　　　 2) 長い目的語や補語の前
3) カンマ・コロン・セミコロン・ダッシュの後　　 4) 前置詞の前
5) 不定詞to・分詞の前　　 6) 接続詞の前　　 7) 関係詞の前
8) 疑問詞節、that節の前　 9) 文末の副詞の前

② 続いて、右ページで内容を理解しているか確認するための問題に答えます。

> ②次の文が英文の内容と合っていれば○、違っていれば×をつけましょう。
> ボブ・リードは鍵を返そうとしている。

ROUND 2

① ここではスラッシュの入れ方の例を紹介しています。ROUND 1 で自分で区切った位置と比べてみましょう。より大きなまとまりで区切るなど、同じ位置にスラッシュが入っていなくても、間違いというわけではありません。続いて、下にある語注を参考に、スラッシュごとの意味を考えてください。

> 以下は英文をスラッシュで区切った例です。ROUND 1 で自分が入れたスラッシュの位置と比べてみましょう。その後、下の語注を参考にしながら、スラッシュごとの意味を考えてください。
> Hello, /
> My name is Bob Reed, / and I live / on 26th Street, /
> a few blocks north / of you. /
> When I was walking my dog / in Hartford Park / yesterday, /

学習のねらい 英文の固まりごとに理解していくコツがつかめます。

② 右ページで、①のスラッシュごとの意味を確認しましょう。

> ② ①で自分が考えた意味が合っているかどうかを、次で確認してみましょう。
> こんにちは／
> 僕の名前はボブ・リードです、／そして僕は住んでいます／26番通りに、／

③ 続いて、内容を理解しているか確認するための問題に答えます。

> ③ 次の質問の答えを(A)〜(D)から選びましょう。 解答→p.2
> ボブ・リードは昨日、どこにいましたか。
> (A) At a park
> (B) At an airport

ROUND 3

① 付属CDに収録された音声を聞きながら、英文を読みます。

> ① 最後に音声を聞きながら英文を読んでみましょう。
> →音声が遅く感じる場合は、「速読用音声」に挑戦！ (詳しくはp.8参照)。
> ポイント：音声のスピードで読みながら内容を理解できるかに挑戦！

学習のねらい ここでは、CDに収録されている音声（1分間に100ワード[100WPM]程度）のスピードで読んで、英文が理解できるかどうかを試します。最初のうちは100WPM程度で読むことを目標としてください。

＊付属CDの音声のスピードが遅く感じる場合は、「速読用音声」を利用することができます。詳しくはp.8を参照してください。

② 続いて、内容を理解しているか確認するための問題に答えます。

> ② 次の質問に答えましょう。
> この手紙はどこで見つかるでしょうか。

手紙

語数：103
難易度：★☆☆

まず手紙を取り上げます。
誰が誰に宛てた手紙なのか、手紙を書いた目的は何なのかに注意して読んでください。

ROUND 1

① p.16を参考に、意味の固まりごとにスラッシュを入れながら、英文を読んでみましょう。難しい場合は ROUND 2 にある英文を読んでも構いません。1回で文の概要をつかむようにしてください。

ポイント：読む時には、前に戻らないで英語の語順のまま理解しよう！

Hello,

My name is Bob Reed, and I live on 26th Street, a few blocks north of you. When I was walking my dog in Hartford Park yesterday, I found a key in the grass. It seems to be a key to your house because "3887 24th" is written on it. This looks like the number of your house, and your house is on 24th Street. Have you lost a key? If so, please send me an email at bobr93987@sn8mail.com so I can return the key.

Sincerely,

1 手紙

Bob Reed

P.S. I'm leaving this letter in your letter box because no one is home.

②次の文が英文の内容と合っていれば○、違っていれば×をつけましょう。 解答 → p.23

ボブ・リードは鍵を返そうとしている。　　　　　　

ROUND 2

① 以下は英文をスラッシュで区切った例です。 ROUND 1 で自分が入れたスラッシュの位置と比べてみましょう。その後、下の語注を参考にしながら、スラッシュごとの意味を考えてください。

Hello, /
My name is Bob Reed, / and I live / on 26th Street, /
　a few blocks north / of you. /
When I was walking my dog / in Hartford Park / yesterday, /
　I found a key / in the grass. /
It seems to be a key / to your house /
　because "3887 24th" is written / on it. /
This looks like the number / of your house, / and your house is /
　on 24th Street. /
Have you lost a key? /
If so, / please send me an email / at bobr93987@sn8mail.com /
　so I can return the key. /
Sincerely, /
Bob Reed /
P.S. / I'm leaving this letter / in your letter box /
　because no one is home. /

語注

3 □ **block:** ブロック、(都市の) 一区画
　□ **walk:** 〜 (犬など) を散歩させる
4 □ **found:** find (〜を見つける) の過去形
　□ **grass:** 草、芝生
5 □ **seem to be 〜:** 〜のようだ
6 □ **written:** write (〜を書く) の過去分詞
　□ **look like 〜:** 〜みたいだ、〜のように見える
8 □ **lost:** lose (〜をなくす) の過去分詞
　□ **email:** メール
10 □ **sincerely:** (手紙の結びの言葉) よろしくお願いします、敬具
12 □ **P.S.:** 追伸
　□ **letter box:** 郵便受け

1 手紙

② ①で自分が考えた意味が合っているかどうかを、次で確認してみましょう。

こんにちは／
僕の名前はボブ・リードです、／そして僕は住んでいます／26番通りに、／
　2ブロックほど北にある／あなたの家から。／
僕が犬を散歩させていたら／ハートフォード公園で／昨日、／
　鍵を見つけました／芝生の中に。／
それは鍵のようです／あなたの家の／
　というのも「3887 24th」と書かれていたので／そこに。／
これは番地みたいです／あなたの家の、／そしてお宅はあります／
　24番通りに。／
お宅では鍵をなくしましたか。／
もしそうなら、／僕にメールを下さい／bobr93987@sn8mail.com まで／
　僕が鍵をお返しできるように。／
どうぞよろしく／
ボブ・リード／
追伸／僕はこの手紙を入れておきます／お宅の郵便受けに／
　なぜなら家に誰もいらっしゃらないので。／

③次の質問の答えを(A)〜(D)から選びましょう。 解答 → p.23

ボブ・リードは昨日、どこにいましたか。

(A) At a park
(B) At an airport
(C) At a train station
(D) At a library

ROUND 3

① 最後に音声を聞きながら英文を読んでみましょう。

→音声が遅く感じる場合は、「速読用音声」に挑戦！（詳しくはp.8参照）。

ポイント：音声のスピードで読みながら内容を理解できるかに挑戦！

② 次の質問に答えましょう。 解答 → p.23

この手紙はどこで見つかるでしょうか。

解答のヒント　＊R1②、R2③、R3②の問題のヒントは以下の部分です。

> Hello,
>
> My name is Bob Reed, and I live on 26th Street, a few blocks north of you. When I was walking my dog in Hartford Park yesterday, I found a key in the grass.
> 5　It seems to be a key to your house because "3887 24th" is written on it. This looks like the number of your house, and your house is on 24th Street. Have you lost a key? If so, please send me an email at bobr93987@sn8mail.com so I can return the key.
>
> 10　Sincerely,
>
> Bob Reed
>
> P.S. I'm leaving this letter in your letter box because no one is home.

1 手紙

解答

ROUND 1. ○　**ROUND 2.** (A)
ROUND 3. (24番通りにある家の) 郵便受けで
ROUND 2の選択肢の訳
(A)公園に　(B)空港に　(C)電車の駅に　(D)図書館に

訳

こんにちは

僕の名前はボブ・リードで、あなたの家から2ブロックほど北にある、26番通りに住んでいます。昨日、僕がハートフォード公園で犬を散歩させていたら、芝生の中に鍵を見つけました。それはあなたの家の鍵のようです、というのも「3887 24th」と書かれていたので。これはあなたの家の番地みたいで、お宅は24番通りにあります。お宅では鍵をなくしましたか。もしそうなら、鍵をお返しできるよう、bobr93987@sn8mail.comまで、僕にメールを下さい。

どうぞよろしく

ボブ・リード

追伸　家に誰もいらっしゃらないので、この手紙をお宅の郵便受けに入れておきます。

記事①

映画『ミステリー』

語数：109
難易度：★★☆

今回は映画の紹介記事を取り上げます。
まず、どんなジャンルの映画なのかを考えながら読んでください。

ROUND 1

①p.16を参考に意味の固まりごとにスラッシュを入れながら、英文を読んでみましょう。
ポイント：読む時には、前に戻らないで英語の語順のまま理解しよう！

　A new film called "Mystery" is coming soon to a movie theater near you. It is a very funny story about a man's vacation in a foreign city. While he is there, he falls in love with the most beautiful woman in the world. Together,
5　they meet a strange, old man in the middle of the night. The three of them visit a museum. At the museum, they discover a dark corner full of secrets. They have other adventures, like climbing a mountain and playing basketball with a monkey.
10　The ending of the movie is a big surprise. It will make you both laugh and cry. Don't miss it!

2 記事① 映画『ミステリー』

②次の文が英文の内容と合っていれば○、違っていれば×をつけましょう。 解答 → p.29

ここで紹介されているのはホラー映画である。　　　_____

ROUND 2

① 以下は英文をスラッシュで区切った例です。ROUND 1 で自分が入れたスラッシュの位置と比べてみましょう。その後、下の語注を参考にしながら、スラッシュごとの意味を考えてください。

A new film / called "Mystery" / is coming soon / to a movie theater / near you. /
It is a very funny story / about a man's vacation / in a foreign city. /
While he is there, / he falls in love /
with the most beautiful woman / in the world. /
Together, / they meet / a strange, old man / in the middle of the night. /
The three of them / visit a museum. /
At the museum, / they discover a dark corner / full of secrets. /
They have other adventures, / like climbing a mountain /
and playing basketball / with a monkey. /
The ending of the movie / is a big surprise. /
It will make you / both laugh and cry. /
Don't miss it! /

語注

1 ☐ **a new film called "Mystery":**『ミステリー』という新作映画
  ☐ **coming soon:**(映画などが)間もなく公開の
  ☐ **movie theater:** 映画館
3 ☐ **foreign:** 外国の
  ☐ **fall in love with ～:** ～と恋に落ちる
4 ☐ **the most beautiful woman:** 一番美しい女性
5 ☐ **strange:** 不思議な
  ☐ **in the middle of the night:** 深夜に
7 ☐ **discover:** ～を見つける
  ☐ **corner:** 角

☐ **full of ～:** ～に満ちた
8 ☐ **adventure:** 冒険
  ☐ **climbing a mountain:** 山登りをすること
  ☐ **playing basketball:** バスケットボールをすること
10 ☐ **ending:** 結末
  ☐ **surprise:** 驚き
  ☐ **make you both laugh and cry:** 笑いと涙の両方をもたらす、あなたを笑わせて泣かせる　★make you ～(動詞の原形)で「あなたに～させる」
11 ☐ **miss:** ～を見逃す

2 記事① 映画『ミステリー』

② ①で自分が考えた意味が合っているかどうかを、次で確認してみましょう。

新作映画が／『ミステリー』という／間もなく公開されます／映画館で／
　お近くの。／
これはとても愉快なストーリーです／ある男性の休暇を描いた／外国の街での。／
彼はそこにいる間に、／恋に落ちます／
　一番美しい女性と／世界中で。／
一緒に、／彼らは出会います／不思議なおじいさんと／深夜に。／
彼ら3人は／博物館を訪れます。／
その博物館で、／彼らは暗い一角を見つけるのです／秘密に満ちた。／
彼らは他にも冒険をします、／山登りをするといった／
　そしてバスケットボールをする／猿と。／
この映画の結末は／大きな驚きです。／
それはあなたにもたらすでしょう／笑いと涙の両方を。／
お見逃しなく！／

③次の質問の答えを(A)〜(D)から選びましょう。 解答 → p.29

　この映画に登場すると書かれて<u>いない</u>のは誰ですか。

(A) A man

(B) A woman

(C) An old man

(D) A basketball player

ROUND 3

① 最後に音声を聞きながら英文を読んでみましょう。

→音声が遅く感じる場合は、「速読用音声」に挑戦！（詳しくはp.8参照）。

ポイント：音声のスピードで読みながら内容を理解できるかに挑戦！

② 次の質問に答えましょう。 解答→p.29

3人の登場人物はどこを訪れると書かれていますか。

解答のヒント ＊R1②、R2③、R3②の問題のヒントは以下の部分です。

　　A new film called "Mystery" is coming soon to a movie theater near you. It is a very funny story about a man's vacation in a foreign city. While he is there, he falls in love with the most beautiful woman in the world. Together,
5　they meet a strange, old man in the middle of the night. The three of them visit a museum. At the museum, they discover a dark corner full of secrets. They have other adventures, like climbing a mountain and playing basketball with a monkey.
10　　The ending of the movie is a big surprise. It will make you both laugh and cry. Don't miss it!

2 記事① 映画『ミステリー』

解答

ROUND 1. ×　**ROUND 2.** (D)　**ROUND 3.** 博物館

ROUND 2の選択肢の訳
(A)男性　(B)女性　(C)おじいさん　(D)バスケットボール選手

訳

　『ミステリー』という新作映画が、お近くの映画館で間もなく公開されます。これは、ある男性の外国の街での休暇を描いたとても愉快なストーリーです。彼はそこにいる間に、世界一美しい女性と恋に落ちます。一緒に、彼らは深夜、不思議なおじいさんと出会います。彼ら3人は博物館を訪れます。その博物館で、彼らは秘密に満ちた暗い一角を見つけるのです。彼らは他にも、山登りをしたり猿とバスケットボールをしたりといった冒険をします。

　この映画の結末は大きな驚きです。それは笑いと涙の両方をもたらすでしょう。お見逃しなく！

朝食

語数：123
難易度：★★☆

今回はエッセイを読んでみましょう。
アメリカでは朝食にどんな物を食べるのか、日本の朝食はアメリカ人にどう映るかを読み取ってください。

ROUND 1

① p.16を参考に意味の固まりごとにスラッシュを入れながら、英文を読んでみましょう。
ポイント：読む時には、前に戻らないで英語の語順のまま理解しよう！

 Breakfast is the most important meal of the day. A traditional American breakfast is eggs and toast, and some kind of fruit, such as an orange. Cereals and pancakes are also popular. Many Japanese people eat soup or salad for breakfast, but most Americans would think that is strange. Those are dishes for lunch or dinner. It's like having sushi for breakfast!

 People say that you should eat like a king at breakfast, a queen at lunch and a poor person at dinner. That is a healthy way to live. A big breakfast gives you the energy to keep going all day.

 It isn't a good idea to eat a big meal before you go to bed. You don't need energy to sleep.

3 エッセイ① 朝食

②次の文が英文の内容と合っていれば○、違っていれば×をつけましょう。 解答→p.35

伝統的なアメリカの朝食には、卵とトーストがある。　_____

ROUND 2

①**以下は英文をスラッシュで区切った例です。 ROUND 1 で自分が入れたスラッシュの位置と比べてみましょう。その後、下の語注を参考にしながら、スラッシュごとの意味を考えてください。**

Breakfast is the most important meal / of the day. /
A traditional American breakfast / is eggs and toast, /
　and some kind of fruit, / such as an orange. /
Cereals and pancakes / are also popular. /
Many Japanese people / eat soup or salad / for breakfast, /
　but most Americans would think / that is strange. /
Those are dishes / for lunch or dinner. /
It's like having sushi / for breakfast! /
People say / that you should eat / like a king / at breakfast, /
　a queen / at lunch / and a poor person / at dinner. /
That is a healthy way / to live. /
A big breakfast / gives you the energy / to keep going / all day. /
It isn't a good idea / to eat a big meal / before you go to bed. /
You don't need energy / to sleep. /

語注
1　☐ **meal:** 食事
2　☐ **traditional:** 伝統的な
　　☐ **American:** アメリカの、アメリカ人
　　☐ **toast:** トースト
3　☐ **some kind of ~:** 何かの~
　　☐ **such as ~:** 例えば~など
　　☐ **cereal:** シリアル　★コーンフレークやオートミールなど
4　☐ **pancake:** パンケーキ
5　☐ **most:** ほとんどの
6　☐ **dish:** (皿に載った)品、料理
7　☐ **like:** ~のような
　　☐ **having sushi for breakfast:** 朝食にすしを食べること　★ここでのhaveは「~を食べる」
8　☐ **should:** ~すべきである、~したらいい
10 ☐ **way to live:** 生活する方法
　　☐ **big breakfast:** たっぷりの朝食
　　☐ **energy:** エネルギー、活力
11 ☐ **to keep going all day:** 丸一日頑張るための　★keep goingは「頑張る」
12 ☐ **go to bed:** 寝る、床に就く

3 エッセイ① 朝食

② ①で自分が考えた意味が合っているかどうかを、次で確認してみましょう。

朝食は最も大切な食事です／1日のうちで。／
伝統的なアメリカの朝食は／卵とトーストです、／
　それに何かの果物／例えばオレンジなどの。／
シリアルやパンケーキは／また一般的です。／
多くの日本人は／スープやサラダを食べます／朝食に、／
　しかしほとんどのアメリカ人は思うでしょう／それは奇妙だと。／
そうしたものは料理です／昼食や夕食向けの。／
それはすしを食べるようなものです／朝食に！／
人々は言います／食べるのがいいと／王のように／朝食は、／
　女王のように／昼食は／貧しい人のように／夕食は。／
それが健康的な方法です／生活するための。／
たっぷりの朝食は／エネルギーを与えてくれます／頑張るための／丸一日。／
いい考えではありません／たっぷりの食事を取ることは／寝る前に。／
エネルギーは必要ありません／眠るのに。／

③ 次の質問の答えを(A)〜(D)から選びましょう。 解答 → p.35

朝食にスープやサラダを食べるのは、アメリカ人にとって朝食に何を食べるようなものですか。

(A) Eggs
(B) Fruit
(C) Sushi
(D) Pancakes

ROUND 3

① 最後に音声を聞きながら英文を読んでみましょう。

→音声が遅く感じる場合は、「速読用音声」に挑戦！（詳しくはp.8参照）。

ポイント：音声のスピードで読みながら内容を理解できるかに挑戦！

② 次の質問に答えましょう。 解答 → p.35

英文によると、朝は王のように、昼は女王のように、夜は何のように食べるのがいいのでしょうか。

解答のヒント ＊R1②、R2③、R3②の問題のヒントは以下の部分です。

　Breakfast is the most important meal of the day. **A traditional American breakfast is eggs and toast**, and some kind of fruit, such as an orange. Cereals and pancakes are also popular. Many Japanese people eat
5　soup or salad for breakfast, but most Americans would think that is strange. Those are dishes for lunch or dinner. It's like having sushi for breakfast!

　People say that you should eat like a king at breakfast, a queen at lunch and **a poor person at dinner**. That is a
10　healthy way to live. A big breakfast gives you the energy to keep going all day.

　It isn't a good idea to eat a big meal before you go to bed. You don't need energy to sleep.

3 エッセイ① 朝食

解答

ROUND 1. ○ **ROUND 2.** (C) **ROUND 3.** 貧しい人

ROUND 2 の選択肢の訳
(A) 卵　(B) 果物　(C) すし　(D) パンケーキ

訳

　朝食は1日のうちで最も大切な食事です。伝統的なアメリカの朝食は卵とトースト、それに例えばオレンジなどの何かの果物です。シリアルやパンケーキも一般的です。多くの日本人は朝食にスープやサラダを食べますが、ほとんどのアメリカ人はそれを奇妙だと思うでしょう。そうしたものは昼食や夕食向けの料理なのです。朝食にすしを食べるようなものです！

　人々は、朝は王のように、昼は女王のように、夜は貧しい人のように食べるのがいいと言います。それが健康的に生活する方法なのです。たっぷりの朝食は、丸一日頑張るためのエネルギーを与えてくれます。

　寝る前にたっぷりの食事を取るのは、いい考えではありません。眠るのにエネルギーは必要ないからです。

4 記事②

迷子の鳥

語数：101
難易度：★☆☆

今回は記事を読んでみましょう。
迷子になって保護されたペットのparakeet（インコ）は、owner（飼い主）の元に戻れるでしょうか。

ROUND 1

① p.16を参考に意味の固まりごとにスラッシュを入れながら、英文を読んでみましょう。
ポイント：読む時には、前に戻らないで英語の語順のまま理解しよう！

A pet parakeet flew away from its home in Sagamihara, Kanagawa prefecture, early one Sunday morning. The bird was caught after it sat on a man's shoulder. The man handed it to the police. The parakeet did not speak at all at first. Then, on Tuesday evening, it suddenly told the police an address. They checked the address and found it was the parakeet's home! The bird was soon returned to its owner, a 64-year-old woman. She was very happy to get her bird back. She said she once lost another parakeet, so she trained this one to say its address.

4 記事② **迷子の鳥**

②次の文が英文の内容と合っていれば○、違っていれば×をつけましょう。 解答 → p.41

迷子の鳥は飼い主の元に返された。　　　　　＿＿＿＿＿＿

ROUND 2

①以下は英文をスラッシュで区切った例です。 ROUND 1 **で自分が入れたスラッシュの位置と比べてみましょう。その後、下の語注を参考にしながら、スラッシュごとの意味を考えてください。**

A pet parakeet flew away / from its home / in Sagamihara, /
　Kanagawa prefecture, / early one Sunday morning. /
The bird was caught / after it sat / on a man's shoulder. /
The man handed it / to the police. /
The parakeet did not speak at all / at first. /
Then, / on Tuesday evening, / it suddenly told the police an address. /
They checked the address / and found / it was the parakeet's home! /
The bird was soon returned / to its owner, / a 64-year-old woman. /
She was very happy / to get her bird back. /
She said / she once lost another parakeet, /
　so she trained this one / to say its address. /

語注

1. □ **parakeet:** インコ
   □ **flew:** fly（飛ぶ）の過去形
2. □ **prefecture:** 県
3. □ **caught:** catch（〜を捕まえる）の過去分詞
   □ **sat:** sit（座る、止まる）の過去形
4. □ **hand 〜 to ...:** …に〜を手渡す・引き渡す
5. □ **not 〜 at all:** 全く〜ない
   □ **at first:** 最初は
6. □ **told:** tell（〜を話す）の過去形
   ★tell 〜 ...で「〜に…を話す」
7. □ **address:** 住所
   □ **check:** 〜を調べる
9. □ **owner:** 飼い主、持ち主
   □ **〜-year-old:** 〜歳の
   □ **be happy to 〜（動詞の原形）:** 〜してうれしい・喜ぶ
10. □ **get 〜 back:** 〜を取り戻す
    □ **said:** say（〜と言う）の過去形
    □ **lost:** lose（〜をなくす）の過去形
11. □ **another:** 別の
    □ **train:** 〜を訓練する
    □ **this one:** この鳥　★oneはここではparakeetを指す

4 記事② 迷子の鳥

② ①で自分が考えた意味が合っているかどうかを、次で確認してみましょう。

ペットのインコが逃げ出しました／家から／相模原市の、／
　神奈川県、／ある日曜の朝早くに。／
その鳥は捕まりました／それが止まった後に／ある男性の肩に。／
男性はそれを引き渡しました／警察に。／
インコは全くしゃべりませんでした／最初は。／
その後、／火曜日の夜に、／それは突然、警察に住所を話しました。／
彼らは住所を調べました／そして分かったのです／それがインコの家だと！／
その鳥はすぐに返されました／飼い主の元に／64歳の女性。／
彼女はとても喜びました／鳥を取り戻せて。／
彼女は言いました／彼女は前にも別のインコを迷子にして、／
　それでこの鳥を訓練したのだと／住所が言えるように。／

③ 次の質問の答えを(A)〜(D)から選びましょう。 解答 → p.41

この鳥がしゃべったのはいつですか。

(A) On Sunday morning
(B) On Sunday evening
(C) On Tuesday morning
(D) On Tuesday evening

ROUND 3

① 最後に音声を聞きながら英文を読んでみましょう。
→音声が遅く感じる場合は、「速読用音声」に挑戦！（詳しくはp.8参照）。

ポイント：音声のスピードで読みながら内容を理解できるかに挑戦！

② 次の質問に答えましょう。 解答 → p.41
この鳥が住所を言えたのはなぜですか。

解答のヒント ＊R1②、R2③、R3②の問題のヒントは以下の部分です。

　A pet parakeet flew away from its home in Sagamihara, Kanagawa prefecture, early one Sunday morning. The bird was caught after it sat on a man's shoulder. The man handed it to the police. The parakeet did not speak at all at first. Then, on Tuesday evening, it suddenly told the police an address. They checked the address and found it was the parakeet's home! The bird was soon returned to its owner, a 64-year-old woman. She was very happy to get her bird back. She said she once lost another parakeet, so she trained this one to say its address.

4 記事② 迷子の鳥

解答

ROUND 1. ○   **ROUND 2.** (D)
ROUND 3. (前にも別のインコを迷子にしたので) 飼い主がこの鳥が住所を言えるように訓練したから

ROUND 2の選択肢の訳
(A)日曜の朝に　(B)日曜の夜に　(C)火曜の朝に　(D)火曜の夜に

訳

　ペットのインコが、神奈川県相模原市の家から、ある日曜の朝早く逃げ出しました。その鳥はある男性の肩に止まった後、捕まりました。男性はそれを警察に引き渡しました。インコは、最初は全くしゃべりませんでした。その後、火曜日の夜に、突然警察に住所を話しました。彼らが住所を調べると、それがインコの家だと分かったのです！　その鳥はすぐに飼い主である64歳の女性の元に返されました。彼女は鳥を取り戻せて、とても喜びました。彼女は、前にも別のインコを迷子にしたので、この鳥が住所を言えるように訓練したと言いました。

5 広告

語数：111
難易度：★★☆

今回は広告を取り上げます。
どんなお店の宣伝か、どんなサービスがあるかに注意して読んでください。

ROUND 1

①p.16を参考に意味の固まりごとにスラッシュを入れながら、英文を読んでみましょう。
ポイント：読む時には、前に戻らないで英語の語順のまま理解しよう！

Discover why everyone is wearing Best Brand Shoes — and why they all have two pairs!

It's Buy One, Get One Free Week

at

Best Brand Shoes

Starting today through March 20!

During Buy One, Get One Free Week, if you buy any pair of shoes at Best Brand Shoes, you can choose a second pair of a lower price for free. That's right, your second pair is FREE! That's four shoes for the price of two!

Also, Best Brand Shoes will be open until 8 p.m. every day this week. But hurry, this great sale is finishing soon.

Please note you can only get one free pair of shoes a day.

② 次の文が英文の内容と合っていれば○、違っていれば×をつけましょう。 解答 → p.47

ここではかばんのセールが宣伝されている。　_____

ROUND 2

①**以下は英文をスラッシュで区切った例です。** ROUND 1 **で自分が入れたスラッシュの位置と比べてみましょう。その後、下の語注を参考にしながら、スラッシュごとの意味を考えてください。**

Discover / why everyone is wearing /
　Best Brand Shoes — /
　and why they all have / two pairs! /
It's Buy One, Get One Free Week / at Best Brand Shoes /
Starting today / through March 20! /
During Buy One, Get One Free Week, / if you buy /
　any pair of shoes / at Best Brand Shoes, / you can choose /
　a second pair / of a lower price / for free. /
That's right, / your second pair is FREE! /
That's four shoes / for the price / of two! /
Also, / Best Brand Shoes / will be open / until 8 p.m. / every day /
　this week. /
But hurry, / this great sale is finishing / soon. /
Please note / you can only get / one free pair of shoes / a day. /

語注

1 □ **why everyone is wearing Best Brand Shoes:** どうして誰もがベストブランド・シューズを履いているのか ★wearは「〜(靴)を履く」
2 □ **why they all have two pairs:** どうしてみんなが2足持っているのか ★pairは「(靴)1足」
3 □ **free:** 無料で、無料の
6 □ **through:** 〜まで
7 □ **any pair of shoes:** どの靴1足でも
9 □ **low:** (値段が) 安い
　□ **for free:** 無料で
　□ **That's right.:** そうです。
10 □ **for the price of 〜:** 〜の値段で
12 □ **until:** 〜まで
　□ **p.m.:** 午後
15 □ **note:** 〜に注意する
　□ **a day:** 1日につき

5 広告

② ①で自分が考えた意味が合っているかどうかを、次で確認してみましょう。

突き止めてください／どうして誰もが履いているのか／
　ベストブランド・シューズを——／
　そして、どうしてみんなが持っているのか／2足を！／
「1足購入で1足無料週間」です／ベストブランド・シューズでは／
　本日スタートして／3月20日まで！／
「1足購入で1足無料週間」中に／お買い求めになると／
　どの靴1足でも／ベストブランド・シューズで、／お選びいただけます／
　2足目を／より低価格の／無料で。／
そうです、／2足目は「無料」です！／
つまり四つの靴ということです／お値段で／二つの！／
さらに、／ベストブランド・シューズは／営業します／午後8時まで／毎日／
　今週。／
でもお急ぎください、／この大売り出しは終了します／間もなく。／
ご注意ください／〜しか入手できません／無料の靴を1足／1日につき。／

③ 次の質問の答えを(A)〜(D)から選びましょう。 解答 → p.47
買い物客はどんなことをするように言われていますか。
(A) Calling the store before coming
(B) Bringing friends to the store
(C) Buying one pair of shoes
(D) Coming to the store every day

ROUND 3

① 最後に音声を聞きながら英文を読んでみましょう。

→音声が遅く感じる場合は、「速読用音声」に挑戦！（詳しくはp.8参照）。

ポイント：音声のスピードで読みながら内容を理解できるかに挑戦！

② 次の質問に答えましょう。 解答 → p.47

買い物客は、無料の商品を1日につき、幾つもらえますか。

解答のヒント ＊R1②、R2③、R3②の問題のヒントは以下の部分です。

*Discover why everyone is wearing Best Brand Shoes —
and why they all have two pairs!*

R1 It's Buy One, Get One Free Week
at
Best Brand Shoes

Starting today through March 20!

During Buy One, Get One Free Week, R2 if you buy any pair of shoes at Best Brand Shoes, you can choose a second pair of a lower price for free. That's right, your second pair is FREE! That's four shoes for the price of two!

Also, Best Brand Shoes will be open until 8 p.m. every day this week. But hurry, this great sale is finishing soon.

| 15 | Please note you can only get one free pair of shoes a day. |

解答

ROUND 1. ×　　**ROUND 2.** (C)　　**ROUND 3.** 1足

ROUND 2の選択肢の訳
(A)来店前に店に電話をする　(B)店に友人を連れてくる
(C)靴を1足買う　(D)毎日店に来る

訳

どうして誰もがベストブランド・シューズを履いているのか——そして、どうしてみんなが2足持っているのかを突き止めてください！

ベストブランド・シューズでは、「1足購入で1足無料週間」です

本日スタートして、3月20日まで！

「1足購入で1足無料週間」中に、ベストブランド・シューズでどの靴1足でもお買い求めになると、より低価格の2足目を無料でお選びいただけます。そうです、2足目は「無料」です！　つまり、二つのお値段で四つの靴ということです！

さらに、ベストブランド・シューズは今週、毎日午後8時まで営業します。でもお急ぎください、この大売り出しは間もなく終了します。

1日につき無料の靴は1足しか入手できないので、ご注意ください。

6 エッセイ②

語数：94
難易度：★★☆

仕事に取り掛かろう！

今回はエッセイを読んでみましょう。
motivation（意欲、やる気）が出ない時には、どうすればいいと書かれているでしょうか。

ROUND 1

① p.16を参考に意味の固まりごとにスラッシュを入れながら、英文を読んでみましょう。
　ポイント：読む時には、前に戻らないで英語の語順のまま理解しよう！

　Do you sometimes think, "I don't feel like doing my work"? Sometimes, it is difficult to find the motivation to do your work.

　At such times, start slowly and try something simple.
5　Read your email or send a short message. Or just clean the top of your desk.

　There is an area for motivation in the brain. You can turn that area on by doing some small jobs. And then this makes you feel like doing more.

10　Sometimes, it takes a while for this to work, so don't give up too soon. Keep going!

6 エッセイ② 仕事に取り掛かろう！

②次の文が英文の内容と合っていれば○、違っていれば×をつけましょう。 解答 → p.53

意欲がない時は、簡単なことをやってみるとよい。

ROUND 2

① **以下は英文をスラッシュで区切った例です。 ROUND 1 で自分が入れたスラッシュの位置と比べてみましょう。その後、下の語注を参考にしながら、スラッシュごとの意味を考えてください。**

Do you sometimes think, / "I don't feel like / doing my work"? /
Sometimes, / it is difficult / to find the motivation / to do your work. /
At such times, / start slowly / and try something simple. /
Read your email / or send a short message. /
Or just clean the top / of your desk. /
There is an area / for motivation / in the brain. /
You can turn that area on / by doing some small jobs. /
And then this makes you / feel like doing more. /
Sometimes, / it takes a while / for this to work, /
　so don't give up / too soon. /
Keep going! /

読み方のヒント
p.48の英文9行目のmakes you feel like doing moreは「あなたをもっとやる気にさせる」の意味。make 〜 ...（動詞の原形）は「〜に…させる」で、〜にyou、...にfeel like doing more（もっとやりたい気分である）が入っています。

語注

1 □ **feel like -ing:** 〜したい気分である
2 □ **it is difficult to 〜（動詞の原形）:** 〜するのが難しい
　□ **motivation:** 意欲、やる気
5 □ **email:** メール
　□ **short message:** メール、（携帯電話の）ショートメッセージ
6 □ **top:** 上、表面
7 □ **area:** 分野、領域

□ **brain:** 脳
8 □ **turn 〜 on:** 〜のスイッチを入れる
　□ **by doing some small jobs:** 何かちょっとした作業をすることで
10 □ **it takes a while for this to work:** これが機能するのに少し時間がかかる　★workは「機能する」
　□ **give up:** 諦める
11 □ **keep going:** やり続ける、頑張る

6 エッセイ② 仕事に取り掛かろう！

② ①で自分が考えた意味が合っているかどうかを、次で確認してみましょう。

あなたは時々思うことはありますか／「気分じゃないなあ／仕事をする」と。／
時には、／難しいものです／意欲を見いだすのが／仕事をする。／
こうした時は、／ゆっくりと始めて／簡単なことをやってみましょう。／
メールを読みましょう／またはショートメッセージを送りましょう。／
あるいは、ちょっと上を片付けましょう／あなたの机の。／
領域があります／意欲に関わる／脳には。／
その領域のスイッチを入れられます／何かちょっとした作業をすることで。／
そして、それがあなたをさせるのです／もっとやる気に。／
時には、／少し時間がかかります／これが機能するのに、／
　だから諦めてはいけません／早々と。／
やり続けましょう！／

③次の質問の答えを(A)〜(D)から選びましょう。 解答 → p.53

次のうち、やる気が出ない時にするとよいこととして、英文に書かれていないものはどれですか。

(A) Reading email
(B) Taking a break
(C) Cleaning the top of a desk
(D) Sending a short message

ROUND 3

① 最後に音声を聞きながら英文を読んでみましょう。
→音声が遅く感じる場合は、「速読用音声」に挑戦！（詳しくはp.8参照）。

ポイント：音声のスピードで読みながら内容を理解できるかに挑戦！

② 次の質問に答えましょう。 解答→p.53

英文によると、脳には何に関わる領域がありますか。

解答のヒント　＊R1②、R2③、R3②の問題のヒントは以下の部分です。

　Do you sometimes think, "I don't feel like doing my work"? Sometimes, it is difficult to find the motivation to do your work.

　At such times, **start slowly and try something simple.** Read your email or send a short message. Or just clean the top of your desk.

　There is an area for motivation in the brain. You can turn that area on by doing some small jobs. And then this makes you feel like doing more.

　Sometimes, it takes a while for this to work, so don't give up too soon. Keep going!

6 エッセイ② 仕事に取り掛かろう！

解答

ROUND 1. ○　**ROUND 2.** (B)　**ROUND 3.** 意欲（やる気）

ROUND 2の選択肢の訳
(A)メールを読むこと　　　(B)休憩すること
(C)机の上を片付けること　(D)ショートメッセージを送ること

訳

　あなたは時々、「仕事をしたい気分じゃないなあ」と思うことはありますか。時には、仕事をする意欲を見いだすのが難しいこともあるものです。

　こうした時は、ゆっくりと始めて簡単なことをやってみましょう。メールを読むか、ショートメッセージを送るかしましょう。あるいは、机の上をちょっと片付けましょう。

　脳には意欲に関わる領域があります。何かちょっとした作業をすることで、その領域のスイッチを入れられます。そして、それがあなたをもっとやる気にさせてくれるのです。

　時にはこれが機能するのに少し時間がかかることがあるので、早々と諦めてはいけません。やり続けましょう！

7 記事③

語数：140
難易度：★★☆

ニュース

今回はニュース記事を取り上げます。
まずどんな話題が書かれているかに注目してから、内容の詳細を読み取っていくつもりで取り組んでください。

ROUND 1

①p.16を参考に意味の固まりごとにスラッシュを入れながら、英文を読んでみましょう。
ポイント：読む時には、前に戻らないで英語の語順のまま理解しよう！

　A small airplane turned over at Kensing City Airport on Saturday afternoon. No one was killed, but three people were hurt. The airplane was turned over by strong winds while it was taking off. Three people were in the airplane.
5　Mel Smith, a local man, saw the accident: "Everything seemed to be all right at first. I was sitting in my car at the airport and watched several airplanes take off with no trouble. Then, at 3:30, I watched this airplane as it began to take off. When it was moving fast, I felt a strong
10　wind shake my car. The wind came very suddenly and hit the airplane from the side." Mr. Smith also said that the airplane turned over and stopped. The pilot and two others were taken out of the airplane and hurried to St.

7 記事③ ニュース

Helena Hospital.

②次の文が英文の内容と合っていれば○、違っていれば×をつけましょう。 解答 → p.59

これは新しい空港についての記事である。 _____

ROUND 2

① 以下は英文をスラッシュで区切った例です。 ROUND 1 で自分が入れた スラッシュの位置と比べてみましょう。その後、語注を参考にしながら、スラッシュごとの意味を考えてください（語注はp.59に）。

A small airplane turned over / at Kensing City Airport /
 on Saturday afternoon. /
No one was killed, / but three people were hurt. /
The airplane was turned over / by strong winds /
 while it was taking off. /
Three people were / in the airplane. /
Mel Smith, / a local man, / saw the accident: /
 "Everything seemed / to be all right / at first. /
I was sitting / in my car / at the airport /
 and watched several airplanes / take off / with no trouble. /
Then, / at 3:30, / I watched this airplane / as it began / to take off. /
When it was moving fast, / I felt a strong wind / shake my car. /
The wind came / very suddenly / and hit the airplane /
 from the side." /
Mr. Smith also said / that the airplane turned over / and stopped. /
The pilot and two others / were taken out of the airplane /
 and hurried / to St. Helena Hospital. /

読み方のヒント

p.54の英文7行目のwatched several airplanes take offは「数機の飛行機が離陸するのを見た」の意味。watch 〜 ...（動詞の原形）で「〜が…するのを見る」を表します。〜にseveral airplanes（数機の飛行機）、...にtake off（離陸する）が入っています。

9行目のfelt a strong wind shake my carは「強風が私の車を揺らすのを感じた」の意味。feel 〜 ...（動詞の原形）で「〜が…するのを感じる」を表します。〜にa strong wind（強風）、...にshake my car（私の車を揺らす）が入っています。

7 記事③ ニュース

② ①で自分が考えた意味が合っているかどうかを、次で確認してみましょう。

小型飛行機がひっくり返りました／ケンジンシティー空港で／
　土曜日の午後に。／
死者はいませんでした、／しかし、3人がけがをしました。／
この飛行機はひっくり返りました／強風により／
　離陸している途中に。／
3人がいました／機内には。／
メル・スミスさんは／地元の男性ですが、／事故を見ました。／
「全て見えました／順調であるように／最初は。／
私は座っていました／自分の車の中に／空港で／
　そして数機の飛行機を見ました／離陸するのを／問題なく。／
その後、／3時30分に、／この飛行機を見ました／始めるところを／離陸を。／
それが速度を上げて動いていた時／強風を感じました／私の車を揺らす。／
その風は起こりました／全く突然に／そして飛行機に吹き付けました／
　側面から」。／
スミスさんはまた言いました／飛行機がひっくり返って／止まったと。／
パイロットと他の2人は／飛行機から連れ出され／
　そして急いで運ばれました／セントヘレナ病院へと。／

③ 次の質問の答えを (A)〜(D) から選びましょう。 解答 → p.59

ここに書かれた出来事が起きた時、スミスさんはどこにいましたか。

(A) At a restaurant
(B) At his office
(C) In an airplane
(D) In his car

ROUND 3

① **最後に音声を聞きながら英文を読んでみましょう。**
→音声が遅く感じる場合は、「速読用音声」に挑戦！（詳しくはp.8参照）。

ポイント：音声のスピードで読みながら内容を理解できるかに挑戦！

② **次の質問に答えましょう。** 解答→p.59
パイロットと2人の人はどうなりましたか。

解答のヒント ＊R1②、R2③、R3②の問題のヒントは以下の部分です。

　　A small airplane turned over at Kensing City Airport on Saturday afternoon. No one was killed, but three people were hurt. The airplane was turned over by strong winds while it was taking off. Three people were in the airplane.
5　　Mel Smith, a local man, saw the accident: "Everything seemed to be all right at first. I was sitting in my car at the airport and watched several airplanes take off with no trouble. Then, at 3:30, I watched this airplane as it began to take off. When it was moving fast, I felt a strong
10　wind shake my car. The wind came very suddenly and hit the airplane from the side." Mr. Smith also said that the airplane turned over and stopped. The pilot and two others were taken out of the airplane and hurried to St. Helena Hospital.

7 記事③ ニュース

解答

ROUND 1. ×　**ROUND 2.** (D)
ROUND 3. 飛行機から連れ出され、セントヘレナ病院へと急いで運ばれた

ROUND 2の選択肢の訳
(A)レストランに　(B)オフィスに　(C)飛行機の中に　(D)車の中に

訳

　ケンジンシティー空港で土曜日の午後、小型飛行機がひっくり返りました。死者はいませんでしたが、3人がけがをしました。この飛行機は離陸している途中に、強風によりひっくり返りました。機内には3人がいました。地元の男性、メル・スミスさんは、事故を見ました。「最初は全て順調であるように見えました。私は空港で自分の車の中に座っていて、数機の飛行機が問題なく離陸するのを見ました。その後、3時30分にこの飛行機が離陸を始めるところを見ました。それが速度を上げて動いていた時、強風が私の車を揺らすのを感じました。その風は全く突然に起こって、飛行機に側面から吹き付けました」。スミスさんはまた、飛行機がひっくり返って、止まったとも言いました。パイロットと他の2人は飛行機から連れ出され、セントヘレナ病院へと急いで運ばれました。

語注

1 □ **turn over:** (あおむけに)ひっくり返る、転覆する、〜をひっくり返らせる
3 □ **hurt:** ここではhurt (〜にけがをさせる) の過去分詞
4 □ **take off:** (飛行機が) 離陸する
5 □ **local:** 地元の
　□ **saw:** see (〜を見る) の過去形
　□ **accident:** 事故
7 □ **with no trouble:** 問題なく
9 □ **began:** begin (〜を始める) の過去形
　□ **felt:** feel (〜を感じる) の過去形
10 □ **shake:** 〜を揺らす
　□ **came:** come (来る) の過去形
11 □ **hit 〜 from the side:** 〜に側面から当たる　★このhitは過去形
13 □ **take 〜 out of ... :** 〜を…から連れ出す　★takenはtakeの過去分詞
　□ **hurry:** 〜を急いで運ぶ・救急搬送する

8 物語①

語数：145
難易度：★★☆

最も重要な教え

今回は物語を読んでみましょう。
ある学校で出題されたテストの問題には、どんな教えがあったでしょうか。

ROUND 1

① p.16を参考に意味の固まりごとにスラッシュを入れながら、英文を読んでみましょう。
ポイント：読む時には、前に戻らないで英語の語順のまま理解しよう！

　When I was studying to become a nurse, the teacher gave our class a surprise test. I was a good student, and always did my homework, so the questions were easy — until I read the last one. "What is the first name of the school cleaner?"

　I thought it was some kind of joke.

　I saw the cleaner several times a month. She was a tall woman with dark hair, but what was her name? I gave my teacher my unfinished test paper.

　Just before class ended, one student asked if that last question was important.

　"Yes, very important," said the teacher. "When you become nurses, you will meet many people. All of them

8 物語① 最も重要な教え

are important. You should care about everyone, even if
all you do is smile and say 'Hello.'"

I have never forgotten that lesson. I also learned the cleaner's name was Susan.

②次の文が英文の内容と合っていれば〇、違っていれば×をつけましょう。 解答 → p.65

この物語の主人公はテストを受けた。　　＿＿＿＿＿

ROUND 2

①以下は英文をスラッシュで区切った例です。 ROUND 1 で自分が入れたスラッシュの位置と比べてみましょう。その後、下の語注を参考にしながら、スラッシュごとの意味を考えてください。

When I was studying / to become a nurse, /
　the teacher gave our class / a surprise test. /
I was a good student, / and always did my homework, /
　so the questions were easy — / until I read the last one. /
"What is the first name / of the school cleaner?" /
I thought / it was some kind of joke. /
I saw the cleaner / several times a month. /
She was a tall woman / with dark hair, / but what was her name? /
I gave my teacher / my unfinished test paper. /
Just before class ended, / one student asked /
　if that last question was important. /
"Yes, very important," / said the teacher. /
"When you become nurses, / you will meet many people. /
All of them are important. /
You should care / about everyone, /
　even if all you do is / smile and say 'Hello'." /
I have never forgotten that lesson. /
I also learned / the cleaner's name was Susan. /

語注

2 □ **give ~ a surprise test:** ~に抜き打ちテストをする　★gaveはgive(~を与える・行う)の過去形
3 □ **did:** do (~をする)の過去形
4 □ **read:** ここではread (~を読む)の過去形
　□ **the last one:** 最後の問題　★このoneはquestion (問題)のこと
5 □ **cleaner:** 清掃員
6 □ **thought:** think (~と思う)の過去形
　□ **some kind of ~:** 何かの~
8 □ **dark:** (髪が)黒っぽい
9 □ **give ~ ...:** ~に...を渡す・与える
　　　　　　　(語注はp.65に続く)

62

8 物語① **最も重要な教え**

② ①で自分が考えた意味が合っているかどうかを、次で確認してみましょう。

私が勉強していた時／看護師になるために、／
　先生は私たちのクラスで行いました／抜き打ちテストを。／
私は真面目な生徒で、／それに宿題をいつもしていました、／
　だから問題は簡単でした——／最後の問題を読むまでは。／
「ファーストネームは何ですか／学校の清掃員さんの」。／
私は思いました／それは何かの冗談かと。／
清掃員さんのことは見掛けました／月に何度か。／
彼女は背の高い女性でした／黒っぽい髪の、／しかし何という名前だったやら？／
私は先生に提出しました／書き残しのあるテスト用紙を。／
授業が終わる直前に、／1人の生徒が尋ねました／
　あの最後の問題は重要なのかどうかを。／
「はい、とても重要です」／と先生は言いました。／
「あなた方が看護師になったら、／たくさんの人に会うでしょう。／
その人たちは全員が重要です。／
あなた方は気に掛けなくてはいけません／全員のことを、／
　たとえ～するだけの相手でも／にっこりして『こんにちは』と言う」。／
私はその教えを忘れたことがありません。／
それに覚えました／清掃員さんの名前がスーザンだということを。／

③ 次の質問の答えを (A)〜(D) から選びましょう。 解答 → p.65

次のうち、テストに出題された人物の特徴で<u>ない</u>のはどれですか。

(A) She was tall.
(B) She had dark hair.
(C) She was the school cleaner.
(D) She was studying to become a nurse.

ROUND 3

① 最後に音声を聞きながら英文を読んでみましょう。
→音声が遅く感じる場合は、「速読用音声」に挑戦！（詳しくはp.8参照）。

ポイント：音声のスピードで読みながら内容を理解できるかに挑戦！

② 次の質問に答えましょう。 解答→p.65
物語の主人公が学んだ教えとは何ですか。

解答のヒント　＊R1②、R2③、R3②の問題のヒントは以下の部分です。

　　When I was studying to become a nurse, the teacher gave our class a surprise test. I was a good student, and always did my homework, so the questions were easy — until I read the last one. "What is the first name of the school cleaner?"

　　I thought it was some kind of joke.

　　I saw the cleaner several times a month. She was a tall woman with dark hair, but what was her name? I gave my teacher my unfinished test paper.

　　Just before class ended, one student asked if that last question was important.

　　"Yes, very important," said the teacher. "When you become nurses, you will meet many people. All of them are important. You should care about everyone, even if all you do is smile and say 'Hello.'"

　　I have never forgotten that lesson. I also learned the cleaner's name was Susan.

8 物語① 最も重要な教え

解答

ROUND 1. ○ **ROUND 2.** (D)

ROUND 3. 会う人全員が重要だ（たとえにっこりして「こんにちは」と言うだけの相手でも、気に掛けなくてはいけない）

ROUND 2の選択肢の訳

(A)彼女は背が高かった。　(B)彼女は黒っぽい髪をしていた。
(C)彼女は学校の清掃員だった。
(D)彼女は看護師になる勉強をしていた。

訳

　私が看護師になる勉強をしていた時、先生は私たちのクラスで抜き打ちテストを行いました。私は真面目な生徒で、宿題をいつもしていたので、問題は簡単でした——最後の問題を読むまでは。「学校の清掃員さんのファーストネームは何ですか」。

　私は、それは何かの冗談かと思いました。

　清掃員さんのことは月に何度か見掛けました。彼女は黒っぽい髪の、背の高い女性でしたが、何という名前だったやら？　私は、書き残しのあるテスト用紙を先生に提出しました。

　授業が終わる直前に、1人の生徒が、あの最後の問題は重要なのかどうかを尋ねました。

　「はい、とても重要です」と先生は言いました。「あなた方が看護師になったら、たくさんの人に会うでしょう。その人たちは全員が重要です。あなた方は全員のことを気に掛けなくてはいけません、たとえにっこりして『こんにちは』と言うだけの相手でも」。

　私はその教えを忘れたことがありません。それに、清掃員さんの名前がスーザンだということも知りました。

語注

9 □ **unfinished:** 未完成の、書き残しのある
14 □ **care about ~:** ~を気に掛ける
　□ **even if ~:** たとえ~だとしても
15 □ **all you do is ~:** あなたがするのは~だけである
16 □ **I have never forgotten ~:** ~を忘れたことがない　★forgottenはforget (~を忘れる) の過去分詞
　□ **lesson:** 教え

9 保証書

|語数：94
|難易度：★★☆

今回は保証書（warranty）を取り上げます。
まずどんな商品の保証書であるかに注目し、どんな場合に保証されるか、保証されないかを読み取ってください。

ROUND 1

① p.16を参考に意味の固まりごとにスラッシュを入れながら、英文を読んでみましょう。
　ポイント：読む時には、前に戻らないで英語の語順のまま理解しよう！

Your Pocket Go-Camera comes with a one-year warranty. All Pocket Go-Cameras are sold in a special box to keep them safe. If you return your camera, you must put it in that box. You may return it if it was already broken when you opened it. You may receive a new one or receive your money back. This warranty does not cover any other problems. For example, if the camera is broken or dropped in water, it is not covered by this warranty. Before you decide to return a camera, please read the warranty.

9 保証書

②次の文が英文の内容と合っていれば○、違っていれば×をつけましょう。 解答 → p.71

この商品には3年の保証が付いている。　　　　＿＿＿＿＿

ROUND 2

①以下は英文をスラッシュで区切った例です。ROUND 1 で自分が入れたスラッシュの位置と比べてみましょう。その後、下の語注を参考にしながら、スラッシュごとの意味を考えてください。

Your Pocket Go-Camera / comes /
　with a one-year warranty. /
All Pocket Go-Cameras / are sold / in a special box /
　to keep them safe. /
If you return your camera, / you must put it / in that box. /
You may return it / if it was already broken / when you opened it. /
You may receive a new one / or receive your money back. /
This warranty does not cover / any other problems. /
For example, / if the camera is broken / or dropped / in water, /
　it is not covered / by this warranty. /
Before you decide / to return a camera, / please read the warranty. /

語注

1 □ **come with ~:** ~が付いている
　□ **one-year:** 1年の
2 □ **warranty:** 品質保証（書）
　□ **sold:** sell（~を販売する）の過去分詞
3 □ **keep ~ safe:** ~を安全に保つ
　□ **return:** ~を返品する
4 □ **put:** ~を入れる
5 □ **broken:** break（~を壊す）の過去分詞
　□ **receive:** ~を受け取る
6 □ **a new one:** 新しいもの　★このoneはcamera（カメラ）のこと
7 □ **cover:** ~をカバーする・対象とする
　□ **problem:** 問題
　□ **for example:** 例えば

9 保証書

② ①で自分が考えた意味が合っているかどうかを、次で確認してみましょう。

お買い上げのポケット・ゴー・カメラには／付いています／
　1年の品質保証が。／
ポケット・ゴー・カメラは全て／販売されています／特別な箱に入れて／
　それらを安全に保つための。／
カメラを返品する場合は、／入れる必要があります／その箱に。／
返品ができます／もし既に壊れていた場合、／箱を開けた時に。／
新しいものを受け取ることができます／または、返金を受けられます。／
当保証は対象としません／これ以外の問題を。／
例えば、／カメラが壊れた場合／または落とした場合は／水の中に、／
　対象とされません／この保証では。／
決める前に／カメラを返品することを、／保証書をお読みください。／

③ 次の質問の答えを(A)〜(D)から選びましょう。 解答→p.71

保証書を読んでいる人が受け取れるかもしれない物は何ですか。

(A) A new camera
(B) A special bag
(C) A special album
(D) A new box

ROUND 3

① 最後に音声を聞きながら英文を読んでみましょう。
→音声が遅く感じる場合は、「速読用音声」に挑戦！（詳しくはp.8参照）。

ポイント：音声のスピードで読みながら内容を理解できるかに挑戦！

② 次の質問に答えましょう。 解答→p.71
保証の対象にならないのは、どんな場合ですか。

解答のヒント ＊R1②、R2③、R3②の問題のヒントは以下の部分です。

> **R1** Your Pocket Go-Camera comes with a one-year warranty. All Pocket Go-Cameras are sold in a special box to keep them safe. If you return your camera, you must put it in that box. You may return it if it was
> 5　already broken when you opened it. **R2** You may receive a new one or receive your money back. This warranty does not cover any other problems. For example, **R3** if the camera is broken or dropped in water, it is not covered by this warranty. Before you decide to return a camera,
> 10　please read the warranty.

9 保証書

解答

ROUND 1. ×   **ROUND 2.** (A)
ROUND 3. カメラが壊れたり、カメラを水の中に落としたりした場合

ROUND 2の選択肢の訳
(A)新しいカメラ　　(B)特別なかばん
(C)特別なアルバム　　(D)新しい箱

訳

お買い上げのポケット・ゴー・カメラには、1年の品質保証が付いています。ポケット・ゴー・カメラは全て、安全に保つための特別な箱に入れて販売されています。カメラを返品する場合は、その箱に入れる必要があります。箱を開けた時に既に壊れていた場合、返品ができます。新しいものを受け取るか、返金を受けられます。当保証は、これ以外の問題を対象といたしません。例えば、カメラが壊れたり、カメラを水の中に落としたりした場合は、この保証では対象とされません。カメラを返品することを決める前に、保証書をお読みください。

第2章
速く読む

第2章の学習手順	p.74
⓾ 記事④ムンクの『叫び』	p.76
⓫ 会社案内	p.82
⓬ エッセイ③クロゼットを片付けよう	p.88
⓭ 記事⑤ジャッキー・ロビンソン	p.94
⓮ 契約書	p.100
⓯ 物語②ハグが双子を救う	p.106
⓰ 記事⑥兼六園	p.112
⓱ 物語③スペシャルコーヒー	p.118
⓲ 履歴書	p.124

第2章の学習手順

第2章では、音声を聞きながら英文を読むことで、一定以上のスピードで英文を読む力を身に付けます。TOEICやビジネスの場では、英文を短時間で読むことが求められます。なるべく速く読めるよう意識しながら、学習に取り組んでください。

ROUND 1

① 付属CDに収録された音声を聞きながら、英文を読みます。なるべく1回で文の概要をつかみましょう。

> ①CDに収録された音声を聞きながら英文を読んで、概要をつかんでみましょう。
> ポイント：音声のスピードで読みながら、内容を理解できるかに挑戦！
>
> The Norwegian artist Edvard Munch painted "The Scream of Nature" in 1893. It is his most famous piece of

学習のねらい ここでは、CDに収録されている音声（1分間に100ワード[100WPM]程度）のスピードで読んで、英文が理解できるかどうかを試します。最初のうちは100WPMで読むことを目標とし、付属CDの音声のスピードが遅く感じたり、慣れたりしたら「速読用音声」を利用してください。
＊「速読用音声」についてはp.8を参照してください。

② 続いて、右ページで内容を理解しているか確認するための問題に答えます。

> ②次の文が英文の内容と合っていれば○、違っていれば×をつけましょう。 解答 ☞p.8
> ムンクの「叫び」には幾つかのバージョンがある。　　　　　

ROUND 2

① 英文中の特に難しい文にスラッシュを入れ、文の構造を確認します。
続いて、下にある語注を参考に、スラッシュごとの意味を考えてください。

> ①次の英文に、意味の固まりごとにスラッシュを入れましょう。続いて、下の語注を参考にスラッシュごとの意味を考えてください。
> 5行目
> A Norwegian had another one, and sold it at an auction in 2012.

学習のねらい 英文の固まりごとに理解していくコツがつかめます。

② 右ページで、スラッシュの位置とスラッシュごとの意味を確認しましょう。より大きなまとまりで区切るなど、同じ位置にスラッシュが入っていなくても、間違いというわけではありません。

> ②①の英文にスラッシュを入れた例と訳です。①で自分が考えたスラッシュの位置と意味を、次と比べてみましょう。
> A Norwegian had another one / and sold it /
> あるノルウェー人が別の1点を持っていました　そしてそれを売りました
> at an auction / in 2012. /
> オークションで　2012年に。

③ 時間を計りながら英文を読んで、かかった時間を書き留めます。

> ③英文をもう一度読んで、かかった時間を下に書き留めてください。
> 🕐読むのにかかった時間：　　分　　秒
> ポイント：約1分30秒で全て読めるかに挑戦！

学習のねらい 時間を計って読むことで、自分がどのくらいのスピードで英文を読んでいるかが分かります。最初のうちは「ポイント」に書かれている時間（100WPM程度で読んだ場合にかかる時間）を目標にして、慣れてきたら、できるだけ速く読みながら、内容を理解するようにしてください。

④ 続いて、内容を理解しているか確認するための問題に答えます。

> ④次の質問の答えを(A)～(D)から選びましょう。
> ムンクの『叫び』がオークションで売られたのは何年ですか。
> (A) In 1994
> (B) In 2004
> (C) In 2006
> (D) In 2012

ROUND 3

① もう一度、付属CDに収録された音声を聞きながら英文を読みます。

> ①もう一度、音声を聞きながら英文を読んでみましょう。
> →音声が速く感じる場合は、「速読用音声」に挑戦！（詳しくはp.8参照）。
> ポイント：ROUND 1よりも内容がよく理解できるか確認しよう。

学習のねらい ROUND 1 で読んだ時よりも、内容がより理解できるようになっているかどうかを確認します。

② 続いて、内容を理解しているか確認するための問題に答えます。

> ②次の質問に答えましょう。
> 英文によると、『叫び』に描かれている橋の上の男性は、何をしていますか。

10 記事④

語数：140
難易度：★☆☆

ムンクの『叫び』

今回は、美術作品を紹介した記事を読んでみましょう。
ムンク（Munch）の『叫び』("The Scream")には、どんなエピソードがあるのでしょうか。

ROUND 1

①CDに収録された音声を聞きながら英文を読んで、概要をつかんでみましょう。
ポイント：音声のスピードで読みながら、内容を理解できるかに挑戦！

　The Norwegian artist Edvard Munch painted "The Scream of Nature" in 1893. It is his most famous piece of work. The popular name for it is "The Scream."

　Munch made several different pictures of "The Scream." Three of them are in museums in Norway. A Norwegian had another one and sold it at an auction in 2012. An American bought it for about $120 million. It became one of the most expensive pictures in the world.

　In 1994, "The Scream" in Norway's National Gallery was stolen. With help from the British police, the picture was returned later that year. Another one was also stolen in 2004 but returned in 2006.

　Most people do not know an interesting fact about the

10 記事④ ムンクの『叫び』

picture. The man standing on the bridge is not screaming.
15 He is covering his ears because he hears nature screaming.

②**次の文が英文の内容と合っていれば◯、違っていれば×をつけましょう。** 解答 → p.81

ムンクの『叫び』には幾つかのバージョンがある。　　＿＿＿＿＿＿

写真：サザビーズ/AP/アフロ

ROUND 2

①次の英文に、意味の固まりごとにスラッシュを入れましょう。続いて、下の語注を参考にスラッシュごとの意味を考えてください。

5行目

A Norwegian had another one and sold it at an auction in 2012.

9行目

In 1994, "The Scream" in Norway's National Gallery was stolen.

14行目

The man standing on the bridge is not screaming.

> **読み方のヒント**
> 14行目のThe man standing on the bridgeは「橋の上に立っている男性」の意味です。standing on the bridgeがThe manを説明しています。The man standing on the bridgeはこの文の主語に当たるものです。

語注

1. ☐ **Norwegian:** ノルウェーの、ノルウェー人
   ☐ **Edvard Munch:** エドヴァルド・ムンク ★1863〜1944。ノルウェーの画家
2. ☐ **scream:** 叫び、叫ぶ
   ☐ **nature:** 自然
   ☐ **piece of work:** 作品
4. ☐ **several:** 幾つかの
6. ☐ **another one:** 別の1点 ★このoneはpictureのこと

☐ **auction:** オークション
7. ☐ **bought:** buy (〜を買う) の過去形
☐ **$120 million:** 1億2000万ドル ★millionは「100万」
8. ☐ **expensive:** 高価な
9. ☐ **Norway:** ノルウェー
☐ **National Gallery:** 国立美術館
10. ☐ **stolen:** steal (〜を盗む) の過去分詞

(語注はp.81に続く)

10 記事④ **ムンクの『叫び』**

② ①の英文にスラッシュを入れた例と訳です。①で自分が考えたスラッシュの位置と意味を、次と比べてみましょう。

A Norwegian had another one / and sold it /
あるノルウェー人が別の1点を持っていました　そしてそれを売りました

at an auction / in 2012. /
オークションで　2012年に。

In 1994, / "The Scream" / in Norway's National Gallery /
1994年に、　『叫び』は　　　　　　ノルウェーの国立美術館にあり

was stolen. /
盗まれました。

The man / standing / on the bridge / is not screaming. /
男性は　　立っている　橋の上に　　　　叫んでいません。

③英文をもう一度読んで、かかった時間を下に書き留めてください。

⏱読むのにかかった時間：　　分　　秒

ポイント：約1分25秒で全て読めるかに挑戦！

④次の質問の答えを(A)〜(D)から選びましょう。　解答 → p.81

ムンクの『叫び』がオークションで売られたのは何年ですか。

(A) In 1994
(B) In 2004
(C) In 2006
(D) In 2012

ROUND 3

① **もう一度、音声を聞きながら英文を読んでみましょう。**
→音声が遅く感じる場合は、「速読用音声」に挑戦！（詳しくはp.8参照）。

ポイント：ROUND 1よりも内容がよく理解できるか確認しよう。

② **次の質問に答えましょう。** 解答 → p.81

英文によると、『叫び』に描かれている橋の上の男性は、何をしていますか。

解答のヒント ＊R1②、R2④、R3②の問題のヒントは以下の部分です。

　　The Norwegian artist Edvard Munch painted "The Scream of Nature" in 1893. It is his most famous piece of work. The popular name for it is "The Scream." Munch made several different pictures of "The Scream."
Three of them are in museums in Norway. A Norwegian had another one and sold it at an auction in 2012. An American bought it for about $120 million. It became one of the most expensive pictures in the world.

　　In 1994, "The Scream" in Norway's National Gallery was stolen. With help from the British police, the picture was returned later that year. Another one was also stolen in 2004 but returned in 2006.

　　Most people do not know an interesting fact about the picture. The man standing on the bridge is not screaming. He is covering his ears because he hears nature screaming.

🔟 記事④ ムンクの『叫び』

解答

ROUND 1. ○ **ROUND 2.** (D)
ROUND 3. (自然が叫んでいるのが聞こえるので) 耳をふさいでいる

ROUND 2の選択肢の訳
(A) 1994年に (B) 2004年に (C) 2006年に (D) 2012年に

訳

　ノルウェーの画家エドヴァルド・ムンクは、1893年に『自然の叫び』を描きました。これは彼の最も有名な作品です。この作品の一般的な名前は『叫び』です。

　ムンクは『叫び』について、複数の異なる絵を描きました。そのうちの3点はノルウェーの美術館にあります。あるノルウェー人が別の1点を所有していましたが、2012年にオークションで売りました。あるアメリカ人がそれを約1億2000万ドルで買いました。それは、世界で最も高価な絵画の一つとなったのです。

　1994年に、ノルウェーの国立美術館にあった『叫び』が盗まれました。イギリス警察の助けを借りて、その絵はその年のうちに返されました。別の1点も2004年に盗まれましたが、2006年に戻りました。

　ほとんどの人は、この絵に関する興味深い事実を知りません。橋の上に立っている男性は叫んでいません。彼は、自然が叫んでいるのが聞こえるので、耳をふさいでいるのです。

語注

10 □ **with help from ～:** ～の助けを借りて
　□ **British:** イギリスの
11 □ **later:** 後で
15 □ **cover his ears:** 彼の耳をふさぐ

□ **hear nature screaming:** 自然が叫んでいるのが聞こえる　★hear ～ -ingで「～が…しているのが聞こえる」

11 会社案内

語数：100
難易度：★★☆

今回は、英語で書かれた会社案内を取り上げます。
まずどんな業種の会社かに注目してから、会社の設立の理由や現在の状況を読み取っていきましょう。

ROUND 1

①CDに収録された音声を聞きながら英文を読んで、概要をつかんでみましょう。

ポイント：音声のスピードで読みながら、内容を理解できるかに挑戦！

Corporate Profile: Barker Travel

Barker Travel Inc. is an exciting travel company. We began in 2007 as a one-man company started by Gavin Barker. He worked as a tour guide and took people to interesting places all over the world. Mr. Barker said he could take anyone anywhere in the world, and so his business quickly became very popular. He wanted to give wonderful travel experiences to lots of people. That is why he hired some people to work with him. Today, Barker Travel has more than 120 guides and helps more than 20,000 people enjoy

11 会社案内

wonderful trips each year.

②**次の文が英文の内容と合っていれば○、違っていれば×をつけましょう。** 解答 → p.87

この英文で紹介されているのは、出版関係の会社である。

―――――

ROUND 2

①次の英文に、意味の固まりごとにスラッシュを入れましょう。続いて、下の語注を参考にスラッシュごとの意味を考えてください。

2行目

We began in 2007 as a one-man company started by Gavin Barker.

4行目

He worked as a tour guide and took people to interesting places all over the world.

9行目

That is why he hired some people to work with him.

> **読み方のヒント**
> 2行目のa one-man company started by Gavin Barkerは「ギャビン・バーカーによって起業された個人会社」の意味で、started以下がcompanyを説明しています。
> 11-12行目のhelps more than 20,000 people enjoy wonderful tripsは「2万人を超える人々が素晴らしい旅を楽しむ手助けをする」という意味です。help ～ ...（動詞の原形）は「～が…するのを助ける」を表し、～にはmore than 20,000 peopleが、...にはenjoy wonderful tripsが入っています。

語注

1 ☐ **corporate profile:** 企業概要
　★corporateは「企業」、profileは「プロフィール、概要」
2 ☐ **Inc.:** 株式会社　★＝Incorporated
　☐ **exciting:** 刺激的な
3 ☐ **one-man:** 1人だけの、個人の
4 ☐ **tour guide:** ツアーガイド、観光ガイド
5 ☐ **all over the world:** 世界中の
6 ☐ **anywhere:** どんな場所でも
8 ☐ **experience:** 体験
　☐ **lots of ～:** 多くの～
9 ☐ **that is why ～:** そういうわけで～
　☐ **hire:** ～を雇用する
10 ☐ **more than ～:** ～を超える

11 会社案内

② ①で自分が考えたスラッシュの位置と意味を、次と比べてみましょう。

We began　／　in 2007 / as a one-man company / started /
当社は始まりました　2007年に　個人会社として　　　　　起業された

by Gavin Barker. /
ギャビン・バーカーによって。

He worked　／　as a tour guide　／　and took people /
彼は働きました　ツアーガイドとして　そして人々を連れて行きました

to interesting places / all over the world. /
興味深い場所に　　　　　世界中の。

That is why / he hired some people / to work / with him. /
そういうわけで　彼は何人か雇用しました　　働く　　彼とともに。

③ 英文をもう一度読んで、かかった時間を下に書き留めてください。

　読むのにかかった時間：　　　分　　　秒

ポイント：約1分で全て読めるかに挑戦！

④ 次の質問の答えを(A)〜(D)から選びましょう。　解答 → p.87

ギャビン・バーカー氏は何をしましたか。

(A) He started the company.

(B) He sold the company.

(C) He bought the company.

(D) He left the company.

ROUND 3

① **もう一度、音声を聞きながら英文を読んでみましょう。**
→音声が遅く感じる場合は、「速読用音声」に挑戦！（詳しくはp.8参照）。

ポイント：ROUND 1よりも内容がよく理解できるか確認しよう。

② **次の質問に答えましょう。** 解答→p.87

現在、この会社はどんな手助けをしていると書かれていますか。

解答のヒント ＊R1②、R2④、R3②の問題のヒントは以下の部分です。

Corporate Profile: Barker Travel

Barker Travel Inc. is an exciting **R1** travel company. We began in 2007 as a **R2** one-man company started by Gavin Barker. He worked as a tour guide and took people
5　to interesting places all over the world. Mr. Barker said he could take anyone anywhere in the world, and so his business quickly became very popular. He wanted to give wonderful travel experiences to lots of people. That is why he hired some people to work
10　with him. Today, Barker Travel has more than 120 guides and **R3** helps more than 20,000 people enjoy wonderful trips each year.

11 会社案内

解答

ROUND 1. ×　**ROUND 2.** (A)
ROUND 3. （毎年2万人を超える）人々が素晴らしい旅を楽しむ手助けをしている

ROUND 2の選択肢の訳
(A)彼は会社を起業した。　(B)彼は会社を売却した。
(C)彼は会社を買収した。　(D)彼は会社を辞めた。

訳

企業概要：バーカー・トラベル

バーカー・トラベル社は刺激的な旅行会社です。当社は2007年に、ギャビン・バーカーが起業した個人会社として始まりました。彼はツアーガイドとして働き、人々を世界中の興味深い場所に連れて行きました。バーカー氏は、誰でも世界のどんな場所にでも連れて行けると言って、そのため彼の事業はあっという間に大変な人気になりました。彼は多くの人々に素晴らしい旅行体験をしてもらいたいと考えました。そういうわけで、彼は自分とともに働く人を何人か雇用しました。現在、バーカー・トラベルは120人を超えるガイドを擁して、毎年2万人を超える人々が素晴らしい旅を楽しむ手助けをしています。

12 エッセイ③
クロゼットを片付けよう

語数：146
難易度：★★☆

今回は、エッセイを読んでみましょう。
家に物があり過ぎる場合に、どうしたらよいと書かれているかを読み取ってください。

ROUND 1

①CDに収録された音声を聞きながら英文を読んで、概要をつかんでみましょう。
ポイント：音声のスピードで読みながら、内容を理解できるかに挑戦！

　Many people feel they have too many things in their lives. Sometimes, it's a good idea to clear out extra things.

　Every month, take a good look at your closet. When did you wear that T-shirt last? Throw it out or give it away! I know you think you will wear it someday. You won't. Say goodbye.

　Only keep your closet 80 percent full, and always put your things back in the same place. Then important things will be easy to find.

　Another idea is to think hard before you buy something. Ask yourself, "Do I really need this or do I just want it?" Also, think about where to put any new thing in your house. You don't have a good place for it? Then you don't

12 エッセイ③ クロゼットを片付けよう

need it. When you do buy something new, throw out something old.

Free yourself from too many things!

②次の文が英文の内容と合っていれば○、違っていれば×をつけましょう。 解答→p.93

この英文ではたくさんの物を整頓する方法が紹介されている。

ROUND 2

①次の英文に、意味の固まりごとにスラッシュを入れましょう。続いて、下の語注を参考にスラッシュごとの意味を考えてください。

7行目

Only keep your closet 80 percent full, and always put your things back in the same place.

10行目

Another idea is to think hard before you buy something.

12行目

Also, think about where to put any new thing in your house.

語注

2 □ **clear out ~:** ~を処分する
  □ **extra:** 余分な
3 □ **take a good look at ~:** ~をよく見る
  □ **closet:** クロゼット、押し入れ
4 □ **last:** 最後に
  □ **throw ~ out:** ~を捨てる
  □ **give ~ away:** ~を譲る・ただであげる
5 □ **someday:** いつか
7 □ **only keep your closet 80 percent full:** クロゼットには80パーセントしか物を入れないようにする
  ★keep ~ ...は「~を…(の状態)にしておく」、fullは「いっぱいの」
  □ **put ~ back:** ~を戻す
9 □ **easy to find:** 見つけやすい
10 □ **think hard:** じっくり考える
11 □ **ask yourself:** 自分自身に問い掛ける
12 □ **where to put ~:** ~をどこに置くのか
14 □ **do:** 本当に
16 □ **free:** ~を解放する

12 エッセイ③ クロゼットを片付けよう

②①で自分が考えたスラッシュの位置と意味を、次と比べてみましょう。

Only keep your closet   /   80 percent full, /
クロゼットは〜しかない状態にしましょう　80パーセントだけ物を入れた

and always put your things back / in the same place. /
そして常に物を戻しましょう　　　　　　同じ場所に。

Another idea is / to think hard   /   before you buy something. /
もう一つの考えは　　　じっくり考えることです　何かを買う前に。

Also, think   /   about where to put any new thing /
また、考えましょう　新しい物をどこに置くのかについて

in your house. /
家の中で。

③英文をもう一度読んで、かかった時間を下に書き留めてください。

　読むのにかかった時間：　　　分　　　秒

ポイント：約1分25秒で全て読めるかに挑戦！

④次の質問の答えを(A)〜(D)から選びましょう。 解答 → p.93

次のうち、片付け方法として、英文に書かれて<u>いない</u>ものはどれですか。

(A) Putting things back in the same place
(B) Thinking hard before you buy something
(C) Taking a good look at your closet every month
(D) Putting up shelves in an empty space

ROUND 3

① もう一度、音声を聞きながら英文を読んでみましょう。

→音声が遅く感じる場合は、「速読用音声」に挑戦！（詳しくはp.8参照）。

ポイント：ROUND 1 よりも内容がよく理解できるか確認しよう。

② 次の質問に答えましょう。 解答 → p.93

何か新しい物を買う時には、じっくり考えることと、どこに置くのか考えることと、あと一つ何をするとよいと書かれていますか。

解答のヒント　＊R1②、R2④、R3②の問題のヒントは以下の部分です。

　Many people feel they have too many things in their lives. Sometimes, it's a good idea to clear out extra things.
　Every month, take a good look at your closet. When did you wear that T-shirt last? Throw it out or give it away! I
5　know you think you will wear it someday. You won't. Say goodbye.
　Only keep your closet 80 percent full, and always put your things back in the same place. Then important things will be easy to find.
10　Another idea is to think hard before you buy something. Ask yourself, "Do I really need this or do I just want it?" Also, think about where to put any new thing in your house. You don't have a good place for it? Then you don't need it. When you do buy something new, throw out
15　something old.
　Free yourself from too many things!

12 エッセイ③ クロゼットを片付けよう

解答

ROUND 1. ×　**ROUND 2.** (D)　**ROUND 3.** 何か古い物を捨てる

ROUND 2の選択肢の訳
(A)同じ場所に物を戻すこと
(B)何かを買う前にじっくり考えること
(C)毎月、クロゼットをよく見ること
(D)空きスペースに棚を置くこと

訳

　多くの人が、自分たちの生活には物が多過ぎると感じています。時には、余分な物を処分するのもいい考えです。
　毎月、クロゼットをよく見ましょう。そのTシャツを最後に着たのはいつですか。捨てるか譲るかしましょう！　いつか着るだろうとあなたが思っているのは分かります。それはありません。さよならを言いましょう。
　クロゼットには80パーセントしか物を入れないようにして、常に同じ場所に物を戻しましょう。そうすれば大事な物が見つけやすくなるでしょう。
　もう一つの考えは、何かを買う前にじっくり考えることです。自分自身に問い掛けましょう、「これは本当に必要なのか、それともただ欲しいだけなのか」と。また、新しい物を家のどこに置くのか考えましょう。いい置き場所がない？　では、それは必要ないのです。何か新しい物を本当に買う時には、何か古い物を捨てましょう。
　多過ぎる物から自分自身を解放しましょう！

13 記事⑤

語数：154
難易度：★★☆

ジャッキー・ロビンソン

今回は、人物の紹介記事を読んでみましょう。
まずジャッキー・ロビンソンとは、どんなことをした人なのかを読み取ってください。

ROUND 1

①CDに収録された音声を聞きながら英文を読んで、概要をつかんでみましょう。
ポイント：音声のスピードで読みながら、内容を理解できるかに挑戦！

　Jackie Robinson was a very important person in the history of baseball in the USA. When he joined the Brooklyn Dodgers in 1947, he became the first African-American to play Major League Baseball in the modern age. He played for the Dodgers for 10 years. In 1949, he won the National League's Most Valuable Player award.

　Many people did not want African-American players in the Major Leagues. They said bad things to him, but Robinson was always a gentleman. Other people in the Major Leagues helped him at this difficult time. This was an important turning point in baseball history. After he joined the Major Leagues, many other African-Americans also joined and did very well.

13 記事⑤ ジャッキー・ロビンソン

　　Robinson was not just a top-level baseball star. After he
15 stopped playing baseball, he became a businessman. He worked very hard to protect people's rights. Jackie Robinson was not just a great baseball player, he was a great man.

②次の文が英文の内容と合っていれば○、違っていれば×をつけましょう。 解答→p.99

ジャッキー・ロビンソンはサッカーのワールドカップでプレーする最初のアフリカ系アメリカ人だった。　　　　　

写真：Everett Collection/アフロ

ROUND 2

①次の英文に、意味の固まりごとにスラッシュを入れましょう。続いて、下の語注を参考にスラッシュごとの意味を考えてください。

1行目

Jackie Robinson was a very important person in the history of baseball in the USA.

2行目

When he joined the Brooklyn Dodgers in 1947, he became the first African-American to play Major League Baseball in the modern age.

9行目

Other people in the Major Leagues helped him at this difficult time.

語注

2 ☐ **the USA:** アメリカ合衆国
　☐ **join:** ～に入団する
3 ☐ **Brooklyn Dodgers:** ブルックリン・ドジャース ★1932～1957。ニューヨーク・ブルックリン区を本拠地としていた野球チーム。現在のロサンゼルス・ドジャース
　☐ **African-American:** アフリカ系アメリカ人
4 ☐ **play Major League Baseball:** メジャーリーグでプレーする
　☐ **in the modern age:** 現代の
6 ☐ **won:** win（～を獲得する）の過去形

☐ **National League:** ナショナルリーグ ★メジャーリーグに二つあるリーグのうちの一つ。もう一つはアメリカンリーグ
☐ **Most Valuable Player:** 最優秀選手、MVP ★valuableは「価値のある、立派な」、playerは「選手」
☐ **award:** 賞
8 ☐ **say bad things:** 悪口を言う
9 ☐ **gentleman:** 紳士、礼儀正しい人
11 ☐ **turning point:** ターニングポイント、転換点

(語注はp.99に続く)

13 記事⑤ **ジャッキー・ロビンソン**

② ①で自分が考えたスラッシュの位置と意味を、次と比べてみましょう。

Jackie Robinson was a very important person / in the history /
ジャッキー・ロビンソンは非常に重要な人物でした　　　　歴史において

of baseball / in the USA. /
野球の　　　　アメリカの。

When he joined the Brooklyn Dodgers / in 1947, /
彼がブルックリン・ドジャースに入団すると　　　1947年に、

he became the first African-American /
彼は最初のアフリカ系アメリカ人となりました

to play Major League Baseball / in the modern age.
メジャーリーグでプレーする　　　　　現代の。

Other people / in the Major Leagues / helped him /
他の人たちが　　メジャーリーグの　　　　彼を助けました

at this difficult time. /
この困難な時期に。

③英文をもう一度読んで、かかった時間を下に書き留めてください。

　読むのにかかった時間：　　　分　　　秒

ポイント：約1分30秒で全て読めるかに挑戦！

④次の質問の答えを(A)〜(D)から選びましょう。 解答 → p.99

ジャッキー・ロビンソンは悪口を言われた時、どんな態度でしたか。

(A) He was angry.

(B) He was always a gentleman.

(C) He helped other people.

(D) He played very well.

ROUND 3

① もう一度、音声を聞きながら英文を読んでみましょう
→音声が遅く感じる場合は、「速読用音声」に挑戦！（詳しくはp.8参照）。

ポイント：ROUND 1よりも内容がよく理解できるか確認しよう。

② 次の質問に答えましょう。 解答 → p.99
ジャッキー・ロビンソンは、後に何になりましたか。

解答のヒント　＊R1②、R2④、R3②の問題のヒントは以下の部分です。

　　Jackie Robinson was a very important person in the history of baseball in the USA. When he joined the Brooklyn Dodgers in 1947, he became the first African-American to play Major League Baseball in the modern age. He played for the Dodgers for 10 years. In 1949, he won the National League's Most Valuable Player award.

　　Many people did not want African-American players in the Major Leagues. They said bad things to him, but Robinson was always a gentleman. Other people in the Major Leagues helped him at this difficult time. This was an important turning point in baseball history. After he joined the Major Leagues, many other African-Americans also joined and did very well.

　　Robinson was not just a top-level baseball star. After he stopped playing baseball, he became a businessman. He worked very hard to protect people's rights. Jackie Robinson was not just a great baseball player, he was a great man.

13 記事⑤ ジャッキー・ロビンソン

解答

ROUND 1. ×　**ROUND 2.** (B)　**ROUND 3.** 実業家

ROUND 2の選択肢の訳
(A)彼は怒った。　　　　　　(B)彼は常に紳士だった。
(C)彼は他の人々を助けた。　(D)彼はとても活躍した。

訳

　ジャッキー・ロビンソンはアメリカの野球の歴史において、非常に重要な人物でした。1947年にブルックリン・ドジャースに入団すると、彼は現代のメジャーリーグでプレーする、最初のアフリカ系アメリカ人となりました。彼はドジャースで10年間プレーしました。1949年には、ナショナルリーグの最優秀選手賞を獲得しました。

　たくさんの人たちが、アフリカ系アメリカ人の選手をメジャーリーグに入れたがりませんでした。彼らは彼に悪口を言いましたが、ロビンソンは常に紳士でした。メジャーリーグの他の人たちが、この困難な時期に彼を助けました。これは野球の歴史の重要な転換点でした。彼がメジャーリーグに入った後、他のたくさんのアフリカ系アメリカ人も入り、とても活躍しました。

　ロビンソンは一流の野球スターだっただけではありません。野球をプレーするのをやめた後、彼は実業家になりました。彼は人々の権利を守るために、とても熱心に活動しました。ジャッキー・ロビンソンは偉大な野球選手だっただけでなく、偉大な人物だったのです。

語注

13 □ **do well :** 良い成績を上げる、活躍する
14 □ **top-level:** トップレベルの、一流の
15 □ **businessman:** ビジネスマン、実業家
16 □ **work hard:** 熱心に活動する
　□ **protect:** 〜を守る
　□ **right:** 権利

14 契約書

語数：99
難易度：★★☆

今回は、英語の契約書を読んでみましょう。
まず何についての契約書かに注意してから、細部にどんなことが書かれているかを読み取ってください。

ROUND 1

①CDに収録された音声を聞きながら英文を読んで、概要をつかんでみましょう。
ポイント：音声のスピードで読みながら、内容を理解できるかに挑戦！

Apartment Rental Contract

Please read the following contract. Make sure that you understand it before you sign your name on the line at the bottom. This contract is for living in Golden Hills Apartments. Everyone living in the apartments must pay $1,000 rent each month. Please pay your rent into the bank on the first day of each month. The back of this contract has the rules for the swimming pool, pets, the garden and parking spaces. Please let Mr. Jensen know if you want to leave Golden Hills. His address is also on the back of this contract.

14 契約書

② 次の文が英文の内容と合っていれば◯、違っていれば×をつけましょう。 解答 → p.105

この英文はゴールデンヒルズ・アパートで暮らす人向けに書かれたものだ。 _____

ROUND 2

①次の英文に、意味の固まりごとにスラッシュを入れましょう。続いて、下の語注を参考にスラッシュごとの意味を考えてください。

2行目

Make sure that you understand it before you sign your name on the line at the bottom.

5行目

Everyone living in the apartments must pay $1,000 rent each month.

6行目

Please pay your rent into the bank on the first day of each month.

語注
1 ☐ **rental:** 賃貸
  ☐ **contract:** 契約（書）
2 ☐ **following:** 以下の
  ☐ **make sure that ~:** 確実に~であるようにする、しっかりと~する
3 ☐ **sign:** ~（名前）を署名する
  ☐ **at the bottom:** 一番下に
6 ☐ **rent:** 家賃
  ☐ **pay ~ into ... :** ~（金）を…（銀行）に振り込む
7 ☐ **the back of ~:** ~の裏面
9 ☐ **parking space:** 駐車場
  ☐ **let ~ know:** ~に知らせる
10 ☐ **address:** メールアドレス、住所

14 契約書

② ①で自分が考えたスラッシュの位置と意味を、次と比べてみましょう。

Make sure　/　that you understand it /
しっかりと〜ください　これを理解する

before you sign your name / on the line / at the bottom. /
署名する前に　　　　　　　線上に　　　一番下の。

Everyone / living　/　in the apartments /
全員は　　居住している　このアパートに

must pay $1,000 rent　/　each month. /
1000ドルの家賃を払う必要があります　毎月。

Please pay your rent / into the bank / on the first day /
家賃を振り込んでください　銀行に　　　1日に

of each month. /
毎月の。

③英文をもう一度読んで、かかった時間を下に書き留めてください。

⏱読むのにかかった時間：　　分　　秒

ポイント：約1分で全て読めるかに挑戦！

④次の質問の答えを(A)〜(D)から選びましょう。 解答 → p.105

次のうち、英文に出てこないものはどれですか。

(A) Parking space
(B) Pets
(C) Swimming lessons
(D) The garden

103

ROUND 3

① もう一度、音声を聞きながら英文を読んでみましょう。
→音声が遅く感じる場合は、「速読用音声」に挑戦！ （詳しくはp.8参照）。

ポイント：ROUND 1よりも内容がよく理解できるか確認しよう。

② 次の質問に答えましょう。 解答→p.105
ジェンセン氏のアドレスはどこに書かれていますか。

解答のヒント　＊R1②、R2④、R3②の問題のヒントは以下の部分です。

Apartment Rental Contract

Please read the following contract. Make sure that you understand it before you sign your name on the line at the bottom. **R1** This contract is for living in Golden Hills Apartments. Everyone living in the apartments must pay $1,000 rent each month. Please pay your rent into the bank on the first day of each month. The back of this contract **R2** has the rules for the swimming pool, pets, the garden and parking spaces. **R3** Please let Mr. Jensen know if you want to leave Golden Hills. His address is also on the back of this contract.

14 契約書

解答

ROUND 1. ○　**ROUND 2.** (C)　**ROUND 3.** 契約書の裏面

ROUND 2の選択肢の訳
(A)駐車場　(B)ペット　(C)水泳レッスン　(D)庭

訳

アパート賃貸契約書

以下の契約書をお読みください。一番下の線上に署名する前に、しっかりと内容をご理解ください。本契約書はゴールデンヒルズ・アパートで暮らすためのものです。当アパートの居住者は全員、毎月1000ドルの家賃を払う必要があります。毎月1日に家賃を銀行に振り込んでください。本契約書の裏面には、プール、ペット、庭、駐車場のルールを記載しています。ゴールデンヒルズから退去なさりたい場合は、ジェンセン氏にお知らせください。彼のアドレスも本契約書の裏面にあります。

15 物語②

| 語数：116
| 難易度：★★☆

ハグが双子を救う

今回は、物語を読んでみましょう。
予定日よりも早く病院で産まれた双子の赤ちゃんには、どんな問題があったのでしょうか。

ROUND 1

①**CDに収録された音声を聞きながら英文を読んで、概要をつかんでみましょう。**

ポイント：音声のスピードで読みながら、内容を理解できるかに挑戦！

　Twin baby girls were born 12 weeks too early in a hospital. One baby was strong, but the other was very weak. The doctors thought the weak one was going to die. The nurses put the babies in special beds. Later, one
5　nurse decided to try putting both babies in one bed. Right away, the strong baby put her arm around her twin sister, and the weak baby's heart started becoming stronger. She became very healthy. Both babies grew stronger, and soon they went home with their parents.
10　The hospital changed its rules, and now it always puts twin babies in the same bed. The doctors and nurses now knew about the healing power of touch.

15 物語② ハグが双子を救う

②次の文が英文の内容と合っていれば○、違っていれば×をつけましょう。 解答 → p.111

病院で産まれた双子の赤ちゃんは、2人とも弱っていた。 ＿＿＿＿

ROUND 2

①次の英文に、意味の固まりごとにスラッシュを入れましょう。続いて、下の語注を参考にスラッシュごとの意味を考えてください。

1行目

Twin baby girls were born 12 weeks too early in a hospital.

4行目

Later, one nurse decided to try putting both babies in one bed.

5行目

Right away, the strong baby put her arm around her twin sister, and the weak baby's heart started becoming stronger.

語注

1 ☐ **twin:** 双子 (の片方)
  ☐ **born:** bear (〜を産む) の過去分詞
  ☐ **too:** 〜過ぎる
3 ☐ **the weak one:** 弱い赤ちゃん ★weakは「弱い」。このoneはbaby (赤ちゃん) のこと
  ☐ **be going to 〜(動詞の原形):** 〜しそうだ
5 ☐ **try putting both babies in one bed:** 両方の赤ちゃんを一つのベッドに入れてみる ★try -ingは「試しに…してみる」、putは「〜を入れる」
  ☐ **right away:** すぐに
6 ☐ **arm:** 腕
8 ☐ **grew:** grow (〜になる) の過去形
9 ☐ **went:** go (行く) の過去形
12☐ **knew:** know (〜を知る) の過去形
  ☐ **healing:** 治癒の
  ☐ **touch:** 触れること

15 物語② **ハグが双子を救う**

②①で自分が考えたスラッシュの位置と意味を、次と比べてみましょう。

Twin baby girls were born / 12 weeks too early / in a hospital. /
双子の女の赤ちゃんが産まれました　　　（予定日より）12週早く　　病院で。

Later, / one nurse decided / to try putting both babies /
後になって、ある看護師が決めました　両方の赤ちゃんを入れてみることに

in one bed. /
一つのベッドに。

Right away, / the strong baby put her arm /
すぐに、　　　　丈夫な赤ちゃんが腕を回しました

around her twin sister, / and the weak baby's heart /
双子の妹に、　　　　　　すると、か弱い赤ちゃんの心臓は

started becoming stronger. /
強くなり始めました。

③英文をもう一度読んで、かかった時間を下に書き留めてください。

⏱読むのにかかった時間：　　　分　　　秒

ポイント：約1分10秒で全て読めるかに挑戦！

④次の質問の答えを(A)〜(D)から選びましょう。 解答→p.111

看護師の1人は何をしましたか。

(A) She went home with their parents.
(B) She put the babies in one bed.
(C) She held the baby.
(D) She learned the hospital rules.

ROUND 3

① もう一度、音声を聞きながら英文を読んでみましょう。
→音声が遅く感じる場合は、「速読用音声」に挑戦！（詳しくはp.8参照）。

ポイント：ROUND 1よりも内容がよく理解できるか確認しよう。

② 次の質問に答えましょう。 解答 → p.111

赤ちゃんの心臓が強くなり始めたきっかけは、何ですか。

解答のヒント ＊R1②、R2④、R3②の問題のヒントは以下の部分です。

　　Twin baby girls were born 12 weeks too early in a hospital. One baby was strong, but the other was very weak. The doctors thought the weak one was going to die. The nurses put the babies in special beds. Later, one
5　nurse decided to try putting both babies in one bed. Right away, the strong baby put her arm around her twin sister, and the weak baby's heart started becoming stronger. She became very healthy. Both babies grew stronger, and soon they went home with their parents.
10　The hospital changed its rules, and now it always puts twin babies in the same bed. The doctors and nurses now knew about the healing power of touch.

15 物語② ハグが双子を救う

解答

ROUND 1. ×　**ROUND 2.** (B)
ROUND 3. 丈夫な赤ちゃんが（弱い赤ちゃんに）腕を回したこと

ROUND 2 の選択肢の訳
(A) 彼女は双子の両親と一緒に家に行った。
(B) 彼女は赤ちゃんたちを一つのベッドに入れた。
(C) 彼女は赤ちゃんを抱いた。
(D) 彼女は病院の規則を学んだ。

訳

　双子の女の赤ちゃんが、病院で（予定日より）12週早く産まれました。片方の赤ちゃんは丈夫でしたが、もう片方はとても弱っていました。医師たちは、弱い赤ちゃんが死んでしまうだろうと思いました。看護師たちは赤ちゃんたちを特別な（別々の）ベッドに入れました。後になって、ある看護師が、両方の赤ちゃんを一つのベッドに入れてみることにしました。すぐに、丈夫な赤ちゃんが双子の妹に腕を回し、か弱い赤ちゃんの心臓は強くなり始めました。彼女はとても健康になりました。どちらの赤ちゃんもずっと丈夫になり、やがて両親と一緒に家に帰りました。

　その病院では規則を変え、今では双子を必ず同じベッドに入れています。医師も看護師も、今では触れ合いの治癒力を知っているのです。

16 記事⑥

兼六園

語数：136
難易度：★★☆

今回は、観光地を紹介した記事を読んでみましょう。
石川県にある庭園、兼六園にはどんな歴史があるか、現在はどんな施設があるかを読み取ってください。

ROUND 1

①CDに収録された音声を聞きながら英文を読んで、概要をつかんでみましょう。
ポイント：音声のスピードで読みながら、内容を理解できるかに挑戦！

　Kenroku-en Garden in Kanazawa is one of the most beautiful places in the world. Kenroku-en, Koraku-en and Kairaku-en are the Three Great Gardens of Japan.

5 　Kenroku-en was first made in the 17th century by members of the Maeda family. For many years, lords and ladies had dinner parties in the garden and sometimes enjoyed looking at the moon. But there was a big fire in 1759, and part of the garden was damaged.

10 　The garden was opened to the public in 1874. Visitors can enjoy the beauty of the fresh green grass, flowers and trees. There is a teahouse and pools of water — some with fish. A famous bridge crosses over one of the ponds.

16 記事⑥ **兼六園**

In winter there is heavy snow, and so people tie the trees
15　with ropes to save them from the snow.

②次の文が英文の内容と合っていれば◯、違っていれば×をつけましょう。 解答→p.117

兼六園は17世紀に造られた。　　　　　　　　　　＿＿＿＿＿

ROUND 2

①次の英文に、意味の固まりごとにスラッシュを入れましょう。続いて、下の語注を参考にスラッシュごとの意味を考えてください。

5行目

Kenroku-en was first made in the 17th century by members of the Maeda family.

6行目

For many years, lords and ladies had dinner parties in the garden and sometimes enjoyed looking at the moon.

14行目

In winter there is heavy snow, and so people tie the trees with ropes to save them from the snow.

語注
- 3 ☐ **the Three Great Gardens of Japan:** 日本三名園
- 5 ☐ **made:** make（〜を作る）の過去分詞
  - ☐ **century:** 世紀
- 6 ☐ **Maeda family:** 前田家　★加賀藩の歴代藩主を務めた
  - ☐ **lord:** 領主、藩主
- 7 ☐ **lady:** 領主の妻　★ladiesはladyの複数形
- 8 ☐ **fire:** 火事
- 9 ☐ **damage:** 〜に損害を与える
- 10 ☐ **open 〜 to the public:** 〜を一般公開する　★the publicは「公衆、一般人」
  - ☐ **visitor:** 観光客、見学者
- 11 ☐ **beauty:** 美しさ
- 12 ☐ **teahouse:** 茶室
  - ☐ **pool of water:** ため池、水たまり
- 13 ☐ **fish:** 魚　★ここでは複数形
  - ☐ **cross over 〜:**（橋が）〜に架かっている
  - ☐ **pond:** 池
- 14 ☐ **heavy snow:** 大雪
  - ☐ **tie 〜 with ...:** 〜を…で結ぶ

16 記事⑥ 兼六園

②①で自分が考えたスラッシュの位置と意味を、次と比べてみましょう。

Kenroku-en was first made / in the 17th century /
兼六園は最初、造られました　　　　17世紀に

by members / of the Maeda family. /
人々によって　　前田家の。

For many years, / lords and ladies had dinner parties /
長年、　　　　　藩主やその妻たちは宴会を開いたり

in the garden / and sometimes enjoyed looking /
この庭園で　　時には見るのを楽しんだりしました

at the moon. /
月を。

In winter / there is heavy snow, / and so people tie the trees /
冬には　　大雪が降り、　　　そのため人々は木々を結びます

with ropes / to save them / from the snow. /
縄で　　　それらを守るために　雪から。

③英文をもう一度読んで、かかった時間を下に書き留めてください。

　読むのにかかった時間：　　　分　　　秒

ポイント：約1分20秒で全て読めるかに挑戦！

④次の質問の答えを(A)～(D)から選びましょう。 解答→p.117

兼六園にあると書かれていないものは、次のうちどれですか。

(A) A teahouse
(B) A bench
(C) A pond
(D) A bridge

ROUND 3

① **もう一度、音声を聞きながら英文を読んでみましょう。**
→音声が遅く感じる場合は、「速読用音声」に挑戦！（詳しくはp.8参照）。

ポイント：ROUND 1よりも内容がよく理解できるか確認しよう。

② **次の質問に答えましょう。** 解答→p.117

藩主やその妻たちは兼六園でどんなことをしていましたか。

解答のヒント ＊R1②、R2④、R3②の問題のヒントは以下の部分です。

　　Kenroku-en Garden in Kanazawa is one of the most beautiful places in the world. Kenroku-en, Koraku-en and Kairaku-en are the Three Great Gardens of Japan.

5　Kenroku-en was first made in the 17th century by members of the Maeda family. For many years, lords and ladies had dinner parties in the garden and sometimes enjoyed looking at the moon. But there was a big fire in 1759, and part of the garden was damaged.

10　The garden was opened to the public in 1874. Visitors can enjoy the beauty of the fresh green grass, flowers and trees. There is a teahouse and pools of water — some with fish. A famous bridge crosses over one of the ponds. In winter there is heavy snow, and so people tie the trees
15　with ropes to save them from the snow.

16 記事⑥ **兼六園**

解答

ROUND 1. ○　**ROUND 2.** (B)
ROUND 3. 宴会を開いたり、時には月見を楽しんだりした
ROUND 2の選択肢の訳
(A)茶室　(B)ベンチ　(C)池　(D)橋

訳

金沢の兼六園は、世界で最も美しい場所の一つです。兼六園と後楽園、偕楽園（かいらくえん）は日本三名園です。

兼六園は最初、17世紀に前田家の人々によって造られました。長年、藩主やその妻たちはこの庭園で宴会を開いたり、時には月見を楽しんだりしました。しかし、1759年に大火事があり、庭園の一部が損害を受けました。

庭園は1874年に一般公開されました。来園者たちは、さわやかな緑の草や花、木々の美しさを楽しむことができます。そこには茶室と池があります——幾つかの池には魚がいます。有名な橋がその池の一つに架かっています。冬には大雪が降るので、人々は木々を雪から守るために、木々を縄で結びます。

17 物語③
スペシャルコーヒー

語数：123
難易度：★★☆

今回は、物語を読んでみましょう。
あるコーヒー店で注文される「スペシャルコーヒー」とはどんなものなのか、読み取ってください。

ROUND 1

①CDに収録された音声を聞きながら英文を読んで、概要をつかんでみましょう。
ポイント：音声のスピードで読みながら、内容を理解できるかに挑戦！

　My friend and I entered a little coffee shop and asked for some coffee. Then two other people came in and said, "Five coffees, please. Two of them for us and three 'specials.'" Then they paid for the cups of coffee,
5　took two of them and left.
　I asked my friend, "What is a 'special' coffee?"
　My friend said, "Wait. You'll see."
　Three businesspeople entered. They asked for seven cups of coffee, three for them and four "specials."
10　Then a man wearing old clothes entered the shop. He asked, "Do you have any 'special' coffee?"
　It's a simple idea. People buy coffee for people without any money. This wonderful idea started in Italy, but

17 物語③ スペシャルコーヒー

now people buy "special" coffees all over the world.

②**次の文が英文の内容と合っていれば○、違っていれば×をつけましょう。** 解答→p.123

このコーヒー店で、2人の人がコーヒーを5杯注文し、2杯を受け取った。　　　　　　　　　　　　　　　　　　　　　　―――――

ROUND 2

①次の英文に、意味の固まりごとにスラッシュを入れましょう。続いて、下の語注を参考にスラッシュごとの意味を考えてください。

2行目

Then two other people came in and said, "Five coffees, please. Two of them for us and three 'specials.'"

10行目

Then a man wearing old clothes entered the shop.

12行目

People buy coffee for people without any money.

語注

1 ☐ **enter:** (〜に) 入る
　☐ **ask for 〜:** 〜を注文する・求める
4 ☐ **special:** 特別な物、特別な　★ここで紹介されているシステムは、「支払いを先にして、受け取りを保留にしておく」ことから、通常suspended coffee (保留コーヒー) と呼ばれる
　☐ **pay for 〜:** 〜の代金を支払う
　★paidはpayの過去形
5 ☐ **left:** leave (出る、去る) の過去形

7 ☐ **You'll see.:** 今に分かる。見てのお楽しみ。
8 ☐ **businesspeople:** (複数の) ビジネスパーソン　★男女両方に使える。1人の場合はbusinessperson (ビジネスパーソン) という
10 ☐ **a man wearing old clothes:** 古着をまとった男性
13 ☐ **Italy:** イタリア

17 物語③ スペシャルコーヒー

② ①で自分が考えたスラッシュの位置と意味を、次と比べてみましょう。

Then two other people came in / and said, /
すると、別の2人が入ってきました　　そして言いました、

"Five coffees, please. / Two of them / for us /
「コーヒーを5杯下さい。　そのうちの2杯は　私たち用で、

and three 'specials.'" /
3杯は『スペシャル』です」と。

Then a man / wearing old clothes / entered the shop. /
そこへ男性が　古着をまとった　　　店に入ってきました。

People buy coffee　/　for people　/　without any money. /
人々はコーヒーを買うのです　人々のために　お金のない。

③ 英文をもう一度読んで、かかった時間を下に書き留めてください。

　⏱読むのにかかった時間：　　分　　秒

ポイント：約1分15秒で全て読めるかに挑戦！

④ 次の質問の答えを(A)～(D)から選びましょう。　解答 → p.123

「スペシャルコーヒーはありますか」と尋ねたのは誰ですか。

(A) A man wearing old clothes
(B) My friend
(C) Three businesspeople
(D) An Italian woman

ROUND 3

① **もう一度、音声を聞きながら英文を読んでみましょう。**
→音声が遅く感じる場合は、「速読用音声」に挑戦！（詳しくはp.8参照）。

ポイント：ROUND 1よりも内容がよく理解できるか確認しよう。

② **次の質問に答えましょう。** 解答 → p.123

スペシャルコーヒーとはどんな仕組みですか。

解答のヒント ＊R1②、R2④、R3②の問題のヒントは以下の部分です。

My friend and I entered a little coffee shop and asked for some coffee. Then two other people came in and said, "Five coffees, please. Two of them for us and three 'specials.'" Then they paid for the cups of coffee,
5 took two of them and left.

I asked my friend, "What is a 'special' coffee?"

My friend said, "Wait. You'll see."

Three businesspeople entered. They asked for seven cups of coffee, three for them and four "specials."
10 Then a man wearing old clothes entered the shop. He asked, "Do you have any 'special' coffee?"

It's a simple idea. People buy coffee for people without any money. This wonderful idea started in Italy, but now people buy "special" coffees all over the world.

17 物語③ スペシャルコーヒー

解答

ROUND 1. ○ **ROUND 2.** (A)
ROUND 3. 人々がお金のない人々のためにコーヒーを買ってあげる

ROUND 2の選択肢の訳
(A)古着をまとった男性　　(B)友人
(C)3人のビジネスパーソン　(D)イタリア人女性

訳

　友人と私は小さなコーヒー店に入り、コーヒーを注文しました。すると、別の2人が入ってきて、「コーヒーを5杯下さい。そのうちの2杯は私たち用で、3杯は『スペシャル』です」と言いました。それから彼らはその分のコーヒー代金を支払い、そのうちの二つを受け取って出て行きました。
　私は友人に「『スペシャル』コーヒーって何?」と尋ねました。
　友人は、「待ってて。今に分かるから」と言いました。
　3人のビジネスパーソンが入ってきました。彼らはコーヒーを7杯注文し、3杯を自分たち用に、4杯を「スペシャル」にしました。
　そこへ、古着をまとった男性が店に入ってきました。彼は、「『スペシャル』コーヒーはありますか」と尋ねました。
　それは単純なアイデアです。人々がお金のない人々のためにコーヒーを買ってあげるのです。この素晴らしいアイデアはイタリアで始まりましたが、今では世界中で人々が「スペシャル」なコーヒーを買っているのです。

18 履歴書

語数：141
難易度：★★★

今回は、英文の履歴書を読んでみましょう。英文の履歴書（résumé）では、主語やbe動詞が省略されます。
どんな仕事に就いたことのある人の履歴書かに注目してください。

ROUND 1

①CDに収録された音声を聞きながら英文を読んで、概要をつかんでみましょう。

ポイント：音声のスピードで読みながら、内容を理解できるかに挑戦！

PROFESSIONAL RÉSUMÉ

Lucy Parks
653 Webster Drive
South Park WA
Phone: (123) 555-0000 / Email: sparks780@kesschools.com

Work History:

September 2012 to Present

Ninth Grade Assistant, Kentworth High School:
Help teachers with all classroom teaching. Meet with parents to explain lessons and other matters. Sometimes help children with homework in early evening lessons.

September 2004 to June 2012
Teaching Assistant, Woolsey School for Special Needs Children: Helped teachers of grade 9, and their students with special needs. Helped teachers use games and music to teach reading and math.

Education and Interests:
B.A., English Language and Education, Kentworth College of Teaching, 2003 (studied with Professor George Tester). Studied ways of teaching children, and teaching children with special needs.

First Pianist at South Park Church: Prepare and play music for Sunday church meetings. "First Pianist" is the most important music job at the church.

②次の文が英文の内容と合っていれば◯、違っていれば×をつけましょう。 解答→p.129

ルーシー・パークスは学校で働いている。　　　　＿＿＿＿＿

ROUND 2

①次の英文に、意味の固まりごとにスラッシュを入れましょう。続いて、下の語注を参考にスラッシュごとの意味を考えてください。

15行目

Helped teachers of grade 9, and their students with special needs.

16行目

Helped teachers use games and music to teach reading and math.

21行目

Studied ways of teaching children, and teaching children with special needs.

> **読み方のヒント**
> 英文の履歴書では、主語や「主語＋be動詞」が省略されます。例えば9行目のHelp teachers with all classroom teaching.は（I）help teachers with all classroom teaching.（全てのクラスの授業で教師の補佐をしています）ということです。

語注

1 □ **professional résumé:** 職務経歴書　★résuméは「履歴書」
3 □ **drive:** 大通り
4 □ **WA:**（アメリカの）ワシントン州　★＝Washington
5 □ **email:** メール
6 □ **work history:** 職歴
7 □ **present:** 現在

8 □ **grade:** 学年　★アメリカでは学年を小・中・高と通して数え、ninth gradeは日本の「中学3年生」に当たる
　□ **assistant:** 補佐、助手
9 □ **teaching:** 授業、教えること
10□ **explain:** 〜を説明する

（語注はp.130に続く）

18 履歴書

② ①で自分が考えたスラッシュの位置と意味を、次と比べてみましょう。

Helped teachers / of grade 9, /
教師を補佐した　　　　　9年生の、

and their students with special needs. /
および特別支援の必要な生徒を。

Helped teachers / use games and music /
教師を補佐した　　　　ゲームや音楽を使って

to teach reading and math. /
読み方や数学を教えるのを。

Studied ways / of teaching children, /
方法を学んだ　　　子供を教える

and teaching children with special needs. /
および特別支援の必要な子供を教える。

③ 英文をもう一度読んで、かかった時間を下に書き留めてください。

　　読むのにかかった時間：　　　　分　　　　秒

　ポイント：約1分30秒で全て読めるかに挑戦！

④ 次の質問の答えを(A)〜(D)から選びましょう。　解答→p.129

　ルーシー・パークスが最初に仕事を始めたのはいつですか。

(A) In 2003
(B) In 2004
(C) In 2012
(D) In 2013

ROUND 3

① もう一度、音声を聞きながら英文を読んでみましょう。
→音声が遅く感じる場合は、「速読用音声」に挑戦！（詳しくはp.8参照）。

ポイント：ROUND 1よりも内容がよく理解できるか確認しよう。

② 次の質問に答えましょう。 解答→p.129

ルーシー・パークスにはどんな特技がありますか。

解答のヒント ＊R1②、R2④、R3②の問題のヒントは以下の部分です。

PROFESSIONAL RÉSUMÉ

Lucy Parks
653 Webster Drive
South Park WA
Phone: (123) 555-0000 / Email: sparks780@kesschools.com

Work History:

September 2012 to Present
Ninth Grade Assistant, Kentworth High School:
Help teachers with all classroom teaching. Meet with parents to explain lessons and other matters. Sometimes help children with homework in early evening lessons.

September 2004 to June 2012
Teaching Assistant, Woolsey School for Special Needs Children: Helped teachers of grade 9, and their students with special needs. Helped teachers use games and music to teach reading and math.

18 履歴書

> **Education and Interests:**
>
> B.A., English Language and Education, Kentworth College of Teaching, 2003 (studied with Professor George Tester). Studied ways of teaching children, and teaching children with special needs.
>
> **First Pianist at South Park Church**: Prepare and play music for Sunday church meetings. "First Pianist" is the most important music job at the church.

解答

ROUND 1. ○　**ROUND 2.** (B)　**ROUND 3.** ピアノ

ROUND 2 の選択肢の訳

(A) 2003年に　(B) 2004年に　(C) 2012年に　(D) 2013年に

訳

職務経歴書

ルーシー・パークス

ウェブスター大通り653

ワシントン州サウスパーク

電話：(123)555-0000／メール：sparks780@kesschools.com

職歴

2012年9月から現在

ケントワース高校にて9年生補佐：全てのクラスの授業で、教師の補佐。保護者に、授業やその他の事柄を説明するために、面会。時折、夕方の補講で生徒の宿題を手伝う。

2004年9月から2012年6月

ウールジー特別支援学校にて教育補佐:9年生の教師、および特別支援の必要な生徒を補助した。教師がゲームや音楽を使って読み方や数学を教えるのを補佐した。

教育および興味

文学士、英語および教育専攻、ケントワース教育大学にて2003年取得(ジョージ・テスター教授に師事)。子供を教える方法、および特別支援の必要な子供を教える方法を学んだ。

サウスパーク教会にて首席ピアニスト:日曜日の教会の集まりで音楽を準備・演奏。「首席ピアニスト」はこの教会で最も重要な音楽職。

語注

- 10 □ **matter:** 事柄
- 14 □ **special needs children:** 特別支援の必要な子供たち、障害のある子供たち ★children with special needsも同じ意味
- 16 □ **students with special needs:** 特別支援の必要な生徒たち
  - □ **help 〜 ...(動詞の原形):** 〜が…するのを助ける
- 17 □ **reading:** 読み方
- □ **math:** 数学
- 18 □ **education:** 教育
  - □ **interest:** 興味
- 19 □ **B.A.:** 文学士
- 21 □ **professor:** 教授
  - □ **ways of teaching children:** 子供を教える方法
- 24 □ **pianist:** ピアニスト
  - □ **prepare:** 〜を準備する

第3章

エッセイ・物語・記事を読む

CHAPTER 3

第3章・4章の学習手順 ─────── p.132
19 エッセイ④クリスマス ─────── p.134
20 物語④親友 ──────────── p.140
21 記事⑦法隆寺 ─────────── p.146
22 物語⑤幸運のチップ ───────── p.152
23 エッセイ⑤新しい言語を学ぼう ───── p.158
24 物語⑥象の綱 ─────────── p.164
25 記事⑧孔子 ──────────── p.170
26 物語⑦危険なドライブ ──────── p.176
27 物語⑧獄中からのお手伝い ────── p.182

第3章・4章の学習手順

第3章・4章では、時間を計りながら英文を読む練習をします。そうすることで、自分がどれだけのスピードで英文を読めるかが分かります。さらに、もう一度時間を計って同じ英文を読み、より速く読めるかに挑戦してください。

ROUND 1

① 時間を計りながら英文を読んで、かかった時間を書き留めます。なるべく1回で文の概要をつかみましょう。

> ①時間を計りながら、英文を読んでみましょう。かかった時間を下に書き留めてください。
> ⏱読むのにかかった時間：　　　分　　　秒
> ポイント：約1分30秒で全て読めるか、挑戦してみよう！
>
> Christmas is an important time in both Japan and the USA. In both countries, there are Christmas trees and

学習のねらい 時間を計って読むことで、自分がどのくらいのスピードで英文を読んでいるかが分かります。最初のうちは「ポイント」に書かれている時間（1分間100ワード［100WPM］程度で読んだ場合にかかる時間）を目標にして、慣れてきたら、できるだけ速く読みながら、内容を理解するようにしてください。

② 続いて、内容を理解しているか確認するための質問に答えます。

> ②次の文が英文の内容と合っていれば○、違っていれば×をつけましょう。　解答→P.139
>
> 日本でもアメリカでも、クリスマスにはパーティーを開く。

ROUND 2

① 英文中の特に難しい文にスラッシュを入れ、文の構造を確認します。続いて、下にある語注を参考に、スラッシュごとの意味を考えてください。

> ①次の英文に、意味の固まりごとにスラッシュを入れましょう。続いて、下の語注を参考にスラッシュごとの意味を考えてください。
> 2行目
> In both countries, there are Christmas trees and Christmas lights and Christmas music in stores and restaurants.

学習のねらい 英文の固まりごとに理解していくコツがつかめます。

② 右ページで、スラッシュの位置とスラッシュごとの意味を確認しましょう。ただし、より大きなまとまりで区切るなど、同じ位置にスラッシュが入っていなくても、間違いというわけではありません。

> ② ①で自分が考えたスラッシュの位置と意味を、次と比べてみましょう。
>
> In both countries, / there are / Christmas trees /
> どちらの国でも、　　あります　　クリスマスツリー
> and Christmas lights / and Christmas music /
> それにクリスマスの照明　　そしてクリスマスの音楽が

③ もう一度、時間を計りながら英文を読んで、かかった時間を書き留めます。

> ⏱読むのにかかった時間：　　分　　秒
> ポイント：ROUND 1 よりも短い時間で読めるかに挑戦！

学習のねらい ROUND 1 で読んだ時よりも、短い時間で読めるかに挑戦します。

④ 続いて、内容を理解しているか確認するための問題に答えます。

> ④次の質問の答えを(A)〜(D)から選びましょう。
> アメリカでクリスマス当日に行わないことはどれですか。
> (A) Going to church
> (B) Eating cake
> (C) Opening presents
> (D) Watching American football on television

ROUND 3

① 付属CDに収録された音声を聞きながら、英文を読みます。

> ① 最後に音声を聞きながら英文を読んでみましょう。
> →音声が遅く感じる場合は、「速読用音声」に挑戦！（詳しくはp.9参照）
> ポイント：音声のスピードで読みながら、内容を理解できるかに挑戦！

学習のねらい ここではCDに収録されている音声（100WPM程度）のスピードで読んで、英文が理解できるかどうかを試します。最初のうちは100WPMで読むことを目標とし、付属CDの音声のスピードが遅く感じたり、慣れたりしたら下記の「速読用音声」を利用してください。

＊「速読用音声」についてはp.8を参照してください。

② 続いて、内容を理解しているか確認するための問題に答えます。

> ② 次の質問に答えましょう。
> アメリカではクリスマスに何を食べますか。

19 エッセイ④

語数：145
難易度：★★☆

クリスマス

今回は、エッセイを読んでみましょう。
日米のクリスマスは、どういう点が同じでどういう点が異なっているでしょうか。特にChristmas Day（クリスマス当日）の過ごし方を読み取ってください。

ROUND 1

①時間を計りながら、英文を読んでみましょう。かかった時間を下に書き留めてください。

⏱読むのにかかった時間：　　分　　秒

ポイント：約1分30秒で全て読めるか、挑戦してみよう！

　Christmas is an important time in both Japan and the USA. In both countries, there are Christmas trees and Christmas lights and Christmas music in stores and restaurants. People in both countries have Christmas
5　parties, too. But in other ways, Christmas in the two countries is very different.

　In Japan, on the night before Christmas, men and women go on dates. At home, families often eat chicken and Christmas cake.

10　In the USA, Christmas is more about Christmas Day and the family. On Christmas Day, most families open their presents and then have a large meal together. Many people

19 エッセイ④ クリスマス

go to church. They sing Christmas songs about Jesus Christ. Lots of people watch American football on television on Christmas Day. Americans don't usually eat cake at Christmas. They eat candy and cookies.

Either way, Christmas is a fun time in both the USA and Japan.

②次の文が英文の内容と合っていれば○、違っていれば×をつけましょう。 解答→p.139

日本でもアメリカでも、クリスマスにはパーティーを開く。

ROUND 2

①次の英文に、意味の固まりごとにスラッシュを入れましょう。続いて、下の語注を参考にスラッシュごとの意味を考えてください。

2行目

In both countries, there are Christmas trees and Christmas lights and Christmas music in stores and restaurants.

4行目

People in both countries have Christmas parties, too.

5行目

But in other ways, Christmas in the two countries is very different.

語注

5 ☐ **in other ways:** 他の点で
7 ☐ **the night before Christmas :** クリスマスの前の晩
8 ☐ **go on dates:** デートをする
10☐ **Christmas Day:** クリスマス当日 ★12月25日のこと
12☐ **large meal:** たっぷりのごちそう
13☐ **Jesus Christ:** イエス・キリスト
14☐ **lots of 〜:** たくさんの〜
16☐ **candy:** (あめに限らず、チョコレートやキャラメルなども含む) 甘い菓子、キャンディー
17☐ **either way:** どちらにしても

19 エッセイ④ クリスマス

② ①で自分が考えたスラッシュの位置と意味を、次と比べてみましょう。

In both countries, / there are / Christmas trees /
どちらの国でも、　　　あります　　　クリスマスツリー

and Christmas lights / and Christmas music /
それにクリスマスの照明　　そしてクリスマスの音楽が

in stores and restaurants. /
お店やレストランで。

People / in both countries / have Christmas parties, too. /
人々は　　どちらの国でも　　　クリスマスパーティーも開きます。

But in other ways, / Christmas / in the two countries /
けれど、それ以外の部分では、　クリスマスは　この二つの国の

is very different. /
非常に異なります。

③ 英文をもう一度読んで、かかった時間を下に書き留めてください。

　読むのにかかった時間：　　　分　　　秒

ポイント：ROUND 1よりも短い時間で読めるかに挑戦！

④ 次の質問の答えを(A)〜(D)から選びましょう。 解答 → p.139

アメリカでクリスマス当日に<u>行わない</u>ことはどれですか。

(A) Going to church
(B) Eating cake
(C) Opening presents
(D) Having a large meal together

ROUND 3

① **最後に音声を聞きながら英文を読んでみましょう。**
→音声が遅く感じる場合は、「速読用音声」に挑戦！（詳しくはp.9参照）。

ポイント：音声のスピードで読みながら、内容を理解できるかに挑戦！

② **次の質問に答えましょう。** 解答→p.139
アメリカではクリスマスに何を食べますか。

解答のヒント ＊R1②、R2④、R3②の問題のヒントは以下の部分です。

Christmas is an important time in both Japan and the USA. In both countries, there are Christmas trees and Christmas lights and Christmas music in stores and restaurants. People in both countries have Christmas
5　parties, too. But in other ways, Christmas in the two countries is very different.

In Japan, on the night before Christmas, men and women go on dates. At home, families often eat chicken and Christmas cake.

10　In the USA, Christmas is more about Christmas Day and the family. On Christmas Day, most families open their presents and then have a large meal together. Many people go to church. They sing Christmas songs about Jesus Christ. Lots of people watch American football on
15　television on Christmas Day. Americans don't usually eat cake at Christmas. They eat candy and cookies.

Either way, Christmas is a fun time in both the USA and Japan.

19 エッセイ④ クリスマス

解答

ROUND 1. ○ **ROUND 2.** (B)
ROUND 3. たっぷりのごちそう、甘いお菓子やクッキー

ROUND 2の選択肢の訳
(A)教会に行くこと
(B)ケーキを食べること
(C)プレゼントを開けること
(D)たっぷりのごちそうを一緒に食べること

訳

　クリスマスは日本とアメリカの両方で重要な時期です。どちらの国でも、クリスマスツリーやクリスマスの照明やクリスマスの音楽が、お店やレストランを飾ります。どちらの国の人々もクリスマスパーティーも開きます。けれど、それ以外の部分では、この二つの国のクリスマスは非常に異なります。

　日本では、クリスマスの前の晩に、男女がデートをします。家庭では、多くの家族がチキンとクリスマスケーキを食べます。

　アメリカでは、クリスマスはどちらかというと、クリスマス当日と家族に関わります。クリスマス当日、大抵の家族がプレゼントを開けてから、たっぷりのごちそうを一緒に食べます。多くの人々が教会に行きます。彼らはイエス・キリストに関するクリスマスソングを歌います。たくさんの人たちが、クリスマス当日にテレビでアメリカンフットボールを見ます。アメリカ人は普通、クリスマスにケーキを食べません。彼らは甘いお菓子やクッキーを食べます。

　どちらにしても、クリスマスは、アメリカでも日本でも楽しい時期です。

20 物語④

親友

語数：197
難易度：★☆☆

今回は、物語を取り上げます。
マークはトムの行動を地面や砂に書きます。その理由に注意しながら読んでください。

ROUND 1

①時間を計りながら、英文を読んでみましょう。かかった時間を下に書き留めてください。

読むのにかかった時間：　　分　　秒

ポイント：約2分で全て読めるか、挑戦してみよう！

　Tom and Mark are best friends. One day, they were walking through a forest. They started to fight and both got very angry. Tom hit Mark in the face and broke his glasses. Mark didn't say anything, but he started writing on the ground: "Today my best friend broke my glasses."

　Soon they found a small lake. Mark was very hot so he jumped into the lake, but the lake was deep and he couldn't swim. Tom was very good at swimming, so he jumped into the lake and saved Mark. Mark didn't say anything, but he started writing on a stone: "Today my best friend saved my life."

　Tom said, "After I hurt you, you wrote on the ground,

20 物語④ 親友

but now you are writing on a stone. Why?"

Mark said, "When someone hurts us, we should write it down on the ground. The wind will blow the words away and we can forget about it. But when someone does something good for us, we should write it in stone. The words will last forever."

When people do good things for us, we should always remember. And when people do bad things, we should try to forget.

②次の文が英文の内容と合っていれば○、違っていれば×をつけましょう。 解答→p.145

トムがマークの眼鏡を壊した時、マークは地面に何かを書いた。

―――――

ROUND 2

①次の英文に、意味の固まりごとにスラッシュを入れましょう。続いて、下の語注を参考にスラッシュごとの意味を考えてください。

8行目

Tom was very good at swimming, so he jumped into the lake and saved Mark.

12行目

After I hurt you, you wrote on the ground, but now you are writing on a stone.

16行目

But when someone does something good for us, we should write it in stone.

語注

1 □ **best friend:** 親友
2 □ **walk through ~:** ~の中を歩く、~を通って歩く
  □ **forest:** 森
  □ **fight:** けんかする
3 □ **get angry:** 腹を立てる　★gotはgetの過去形
  □ **hit ~ in the face:** ~の顔をたたく　★このhitは過去形
  □ **broke:** break（~を壊す）の過去形
4 □ **glasses:** 眼鏡
5 □ **ground:** 地面
8 □ **be good at -ing:** ~するのが得意である
12 □ **wrote:** write（~を書く）の過去形
15 □ **blow ~ away:** ~を吹き飛ばす
18 □ **last:** 残る、続く
  □ **forever:** ずっと、永遠に

20 物語④ 親友

②①で自分が考えたスラッシュの位置と意味を、次と比べてみましょう。

Tom was very good / at swimming, / so he jumped /
トムはとても得意でした　泳ぐのが、　　　そこで彼は飛び込みました

into the lake / and saved Mark. /
湖に　　　　そしてマークを助けました。

After I hurt you, / you wrote / on the ground, /
僕が君を傷つけた後、　君は書いた　地面に、

but now you are writing / on a stone. /
だけど今、君は書いている　　　石に。

But when someone does / something good / for us, /
だけど、誰かがする時　　何かいいことを　　僕たちのために、

we should write it / in stone. /
それを書くのがいい　石に。

③英文をもう一度読んで、かかった時間を下に書き留めてください。

⏱読むのにかかった時間： ☐ 分 ☐ 秒

ポイント：ROUND 1よりも短い時間で読めるかに挑戦！

④次の質問の答えを(A)～(D)から選びましょう。 解答→p.145

マークが石に書いたのは、トムのどんな行動ですか。

(A) He saved Mark.
(B) He hit Mark.
(C) He broke Mark's glasses.
(D) He walked through a forest.

143

ROUND 3

① 最後に音声を聞きながら英文を読んでみましょう。
→音声が遅く感じる場合は、「速読用音声」に挑戦！（詳しくはp.9参照）。

ポイント：音声のスピードで読みながら、内容を理解できるかに挑戦！

② 次の質問に答えましょう。 解答 → p.145
誰かがいいことをしてくれたら、それを石に書くのがいいのは、なぜですか。

解答のヒント ＊R1②、R2④、R3②の問題のヒントは以下の部分です。

　　Tom and Mark are best friends. One day, they were walking through a forest. They started to fight and both got very angry. Tom hit Mark in the face and **broke his glasses**. Mark didn't say anything, but **he started writing**
5 **on the ground**: "Today my best friend broke my glasses."

　　Soon they found a small lake. Mark was very hot so he jumped into the lake, but the lake was deep and he couldn't swim. Tom was very good at swimming, so he jumped into the lake and saved Mark. Mark didn't say
10 anything, but **he started writing on a stone**: "Today my best friend saved my life."

　　Tom said, "After I hurt you, you wrote on the ground, but now you are writing on a stone. Why?"

　　Mark said, "When someone hurts us, we should write
15 it down on the ground. The wind will blow the words away and we can forget about it. But **when someone does something good for us, we should write it in stone.**

20 物語④ 親友

<u>The words will last forever</u>."

When people do good things for us, we should always remember. And when people do bad things, we should try to forget.

解答

ROUND 1. ○　**ROUND 2.** (A)
ROUND 3. その言葉はずっと残るだろうから

ROUND 2の選択肢の訳
(A)彼がマークを救った。　　(B)彼がマークをたたいた。
(C)彼がマークの眼鏡を壊した。　(D)彼が森の中を歩いた。

訳

　トムとマークは親友です。ある日、彼らは森の中を歩いていました。彼らはけんかを始め、どちらもとても腹を立てました。トムはマークの顔をたたき、眼鏡を壊しました。マークは何も言いませんでしたが、地面に書き始めました、「今日、僕の親友が僕の眼鏡を壊した」と。

　間もなく彼らは小さな湖を見つけました。マークはとても暑かったので湖に飛び込みましたが、湖は深くて、彼は泳げませんでした。トムは泳ぐのがとても得意だったので、湖に飛び込みマークを助けました。マークは何も言いませんでしたが、石に書き始めました、「今日、僕の親友が僕の命を助けてくれた」と。

　トムは言いました、「僕が君を傷つけた後、君は地面に書いたけど、今は石に書いている。どうして？」と。

　マークは言いました、「誰かに傷つけられたら、それは地面に書くのがいい。風が言葉を吹き飛ばして、そのことを忘れてしまえるから。だけど、誰かがいいことをしてくれた時、それを石に書くのがいい。その言葉はずっと残るだろうから」と。

　人が私たちにいいことをしてくれたら、私たちはずっと覚えておくべきです。そして、人が悪いことをしたら、忘れるよう努力すべきです。

21 記事⑦

語数：204
難易度：★★★

法隆寺

今回は、記事を読んでみましょう。
ユネスコ世界遺産に指定されている法隆寺には、どのような特徴があるのでしょうか。またどんな言い伝えがあるかも読み取ってください。

ROUND 1

①時間を計りながら、英文を読んでみましょう。かかった時間を下に書き留めてください。

⏱読むのにかかった時間：　　分　　秒

ポイント：約2分で全て読めるか、挑戦してみよう！

　Horyuji is a temple in Nara. It is a UNESCO World Heritage Site. It was built in 607. The builders used 1,300-year-old trees to build the temple. People believe Horyuji was the idea of a famous prince, Prince Shotoku.
5　Horyuji's five-story tower is one of the oldest wood buildings in the world. It is 31.5 meters high. Japan has lots of earthquakes, but this tower has never fallen down. When an earthquake happens, each floor moves from side to side. Because it is so safe, many other tall buildings use
10　the same building plan to stop them from falling down.
　If you visit Horyuji, you may want to look at the frogs there. A story says that when Prince Shotoku was

21 記事⑦ 法隆寺

studying, a frog was making a noise. He threw a brush at the frog, and it hit the frog in the eye. It is said that now
15 all frogs in the pond only have one eye.

After you have looked at the frogs, there is something else to look out for. Something that may make you rich! Another story says there is treasure at Horyuji. There are three places covered with stones. Perhaps the treasure
20 is under one of them, but nobody knows.

②次の文が英文の内容と合っていれば○、違っていれば×をつけましょう。 解答→p.151

法隆寺は地震が起きると各階が左右に動く。　　　_____

Photo by ©Tomo.Yun (http://www.yunphoto.net)

ROUND 2

①次の英文に、意味の固まりごとにスラッシュを入れましょう。続いて、下の語注を参考にスラッシュごとの意味を考えてください。

5行目

Horyuji's five-story tower is one of the oldest wood buildings in the world.

11行目

If you visit Horyuji, you may want to look at the frogs there.

14行目

It is said that now all frogs in the pond only have one eye.

語注

1 □ **temple:** 寺、寺院
　□ **UNESCO World Heritage Site:** ユネスコ世界遺産
2 □ **builder:** 建設者、大工
4 □ **prince:** 王子、皇族の男性
　□ **Prince Shotoku:** 聖徳太子
5 □ **five-story tower:** 五重塔
　　★〜-storyは「〜階建ての」
　□ **wood:** (形容詞的に) 木の
6 □ **〜 meters high:** 高さ〜メートルの
7 □ **earthquake:** 地震
　□ **fall down:** 倒れる　★fallenはfallの過去分詞
8 □ **from side to side:** 左右に
10 □ **plan:** 方式、設計図

□ **stop 〜 from -ing:** 〜が…するのを防ぐ
11 □ **may want to 〜 (動詞の原形):** 〜してもいいでしょう
　□ **frog:** カエル
13 □ **make a noise:** 騒ぐ
　□ **threw:** throw (〜を投げる) の過去形
　□ **brush:** 筆
14 □ **hit 〜 in the eye:** 〜の目に当たる
15 □ **pond:** 池
17 □ **look out for 〜:** 〜を注意して探す
18 □ **treasure:** 宝物、財宝
20 □ **nobody:** 誰も〜ない

21 記事⑦ **法隆寺**

② ①で自分が考えたスラッシュの位置と意味を、次と比べてみましょう。

Horyuji's five-story tower / is one of the oldest wood buildings /
法隆寺の五重塔は　　　　　　最も古い木造建築物の一つです

in the world. /
世界で。

If you visit Horyuji, / you may want　/　to look　/　at the frogs /
もし法隆寺を訪れたら、　あなたはしてもいいでしょう 見ることを　カエルを

there. /
そこの。

It is said　/　that now all frogs / in the pond /
言われています　今では全てのカエルが　　池の

only have one eye. /
片目しかないと。

③英文をもう一度読んで、かかった時間を下に書き留めてください。

　⏱読むのにかかった時間：　　　分　　　秒

　ポイント：**ROUND 1**よりも短い時間で読めるかに挑戦！

④次の質問の答えを(A)～(D)から選びましょう。 解答→ p.151

　次のうち英文の内容と合っていないものはどれですか。

(A) People believe Horyuji was the idea of Prince Shotoku.
(B) The builders used 1,300-year-old trees to build Horyuji.
(C) Horyuji's five-story tower fell down one time.
(D) Horyuji's five-story tower is one of the oldest wood buildings in the world.

ROUND 3

① **最後に音声を聞きながら英文を読んでみましょう。**
→音声が遅く感じる場合は、「速読用音声」に挑戦！（詳しくはp.9参照）。

ポイント：音声のスピードで読みながら、内容を理解できるかに挑戦！

② **次の質問に答えましょう。** 解答→p.151

言い伝えによると、法隆寺の石に覆われた場所には何がありますか。

解答のヒント ＊R1②、R2④、R3②の問題のヒントは以下の部分です。

　　Horyuji is a temple in Nara. It is a UNESCO World Heritage Site. It was built in 607. The builders used 1,300-year-old trees to build the temple. People believe Horyuji was the idea of a famous prince, Prince Shotoku.
5　　Horyuji's five-story tower is one of the oldest wood buildings in the world. It is 31.5 meters high. Japan has lots of earthquakes, but this tower has never fallen down. When an earthquake happens, each floor moves from side to side. Because it is so safe, many other tall buildings use
10　the same building plan to stop them from falling down.
　　If you visit Horyuji, you may want to look at the frogs there. A story says that when Prince Shotoku was studying, a frog was making a noise. He threw a brush at the frog, and it hit the frog in the eye. It is said that now
15　all frogs in the pond only have one eye.
　　After you have looked at the frogs, there is something else to look out for. Something that may make you rich! Another story says there is treasure at Horyuji. There

21 記事⑦ **法隆寺**

are three places covered with stones. Perhaps the treasure
20 is under one of them, but nobody knows.

解答

ROUND 1. ○　**ROUND 2.** (C)　**ROUND 3.** 宝

ROUND 2の選択肢の訳

(A)人々は、法隆寺（建立）は聖徳太子の考えだったと信じている。
(B)大工たちは法隆寺を建てるのに、樹齢1300年の木を使った。
(C)法隆寺の五重塔は一度倒れた。
(D)法隆寺の五重塔は、世界で最も古い木造建築物の一つである。

訳

　法隆寺は奈良にあるお寺です。そこはユネスコ世界遺産です。607年に建てられました。大工たちはこの寺を建てるのに、樹齢1300年の木を使いました。人々は、法隆寺（建立）は有名な皇族であった、聖徳太子の考えによるものだったと信じています。

　法隆寺の五重塔は、世界で最も古い木造建築物の一つです。高さは31.5メートルです。日本には地震がたくさんありますが、この建物はこれまでに倒れたことがありません。地震が起こると各階が左右に動くのです。これがとても安全なので、他の多くの高層建築物は、倒れるのを防ぐために同じ建築方式を使っています。

　もし法隆寺を訪れたら、そこのカエルを見てみるといいでしょう。言い伝えによると、聖徳太子が勉強をしている時に、カエルが騒がしかったといいます。彼はカエルに筆を投げ付け、それがカエルの目に当たりました。今では池の全てのカエルが、片目しかないと言われています。

　カエルを見た後は、他にも注意深く探すべきものがあります。あなたを金持ちにしてくれるかもしれないものです！　別の言い伝えによると、法隆寺には宝があるといいます。石に覆われた場所が3カ所あるのです。もしかしたら宝はそのどれか一つの下にあるのかもしれませんが、誰にも分かりません。

22 物語⑤

語数：158
難易度：★★☆

幸運のチップ

今回は、物語を読んでみましょう。アメリカで実際にあった話です。
ウエートレスのフィリスに、ロバートがどんな約束をしたかを読み取ってください。

ROUND 1

①時間を計りながら、英文を読んでみましょう。かかった時間を下に書き留めてください。

⏱読むのにかかった時間：　　　分　　　秒

ポイント：約1分30秒で全て読めるか、挑戦してみよう！

　Phyllis was a waitress at a pizza restaurant in New York. Every day, she saw many different kinds of guests — some were kind and some were not. One of her best customers was Robert, a policeman. He ate
5　dinner at the restaurant often and was very kind and friendly. He liked to talk to Phyllis. He also talked to the other people who worked in the restaurant and other guests.

　One Friday evening, he said to Phyllis that he
10　wanted to buy a lottery ticket. He promised to give her half of the money if his ticket won. Together, they chose six numbers. Then Robert went across the

22 物語⑤ 幸運のチップ

street and bought the ticket.

Phyllis laughed and forgot about the ticket. But
15 the next evening, Robert walked into the restaurant and showed her the ticket. Together, they won $6 million, and he gave her half of the money! "After all," said Robert, "She helped me pick the numbers."

②次の文が英文の内容と合っていれば○、違っていれば×をつけましょう。 解答 → p.157

ロバートは宝くじが当たったら、フィリスに金を半分あげると約束した。

―――――

ROUND 2

①次の英文に、意味の固まりごとにスラッシュを入れましょう。続いて、下の語注を参考にスラッシュごとの意味を考えてください。

4行目

He ate dinner at the restaurant often and was very kind and friendly.

6行目

He also talked to the other people who worked in the restaurant and other guests.

10行目

He promised to give her half of the money if his ticket won.

> **読み方のヒント**
> 7行目のthe other people who worked in the restaurant（レストランで働いていた他の人たち）はwho worked in the restaurantの部分がthe other peopleを説明しています。
> 10行目のgive her half of the moneyは「金の半分を彼女にやる」という意味です。give ～ ...で「～に…をやる」を表し、～の部分にher（彼女）、…の部分にhalf of the money（金の半分）が入っています。

語注

1 □ **waitress:** ウエートレス
　□ **pizza:** ピザ
2 □ **different kinds of ～:** いろいろなタイプの～
3 □ **guest:** （レストランやホテルの）客
4 □ **best customer:** 得意客
　□ **policeman:** 警官 ★最近では男女を表さないpolice officer（警官）を使うことも多い
　□ **ate:** eat（～を食べる）の過去形
6 □ **friendly:** 気さくな
10 □ **lottery:** （宝）くじ ★ここに出てくる宝くじは数字を自分で選ぶタイプのもの
　□ **promise:** ～を約束する
11 □ **won:** win（当選する）の過去形
　　　　　（語注はp.157に続く）

22 物語⑤ 幸運のチップ

②①で自分が考えたスラッシュの位置と意味を、次と比べてみましょう。

He ate dinner　/　at the restaurant / often /
彼は夕食を取りました　そのレストランで　　　よく

and was very kind　/　and friendly. /
そしてとても親切でした　それから気さくで。

He also talked　/　to the other people / who worked /
彼はまた話し掛けました　他の人たちに　　　　　働いていた

in the restaurant / and other guests. /
レストランで　　　そして他の客に。

He promised　/　to give her / half of the money /
彼は約束しました　彼女にやると　(当選)金の半分を

if his ticket won. /
もし彼のくじが当たったら。

③英文をもう一度読んで、かかった時間を下に書き留めてください。

⏱読むのにかかった時間：　　　分　　　秒

ポイント：ROUND 1よりも短い時間で読めるかに挑戦！

④次の質問の答えを(A)～(D)から選びましょう。 解答 → p.157

ロバートの特徴として当てはまら<u>ない</u>ものはどれですか。

(A) He was a policeman.
(B) He liked to talk to Phyllis.
(C) He was very kind.
(D) He bought lottery tickets every day.

ROUND 3

① 最後に音声を聞きながら英文を読んでみましょう。
→音声が遅く感じる場合は、「速読用音声」に挑戦！（詳しくはp.9参照）。

ポイント：音声のスピードで読みながら、内容を理解できるかに挑戦！

② 次の質問に答えましょう。 解答 → p.157
ロバートは、フィリスが何を手伝ってくれたと言いましたか。

解答のヒント ＊R1②、R2④、R3②の問題のヒントは以下の部分です。

　　Phyllis was a waitress at a pizza restaurant in New York. Every day, she saw many different kinds of guests — some were kind and some were not. One of her best customers was Robert, a policeman. He ate
5 dinner at the restaurant often and was very kind and friendly. He liked to talk to Phyllis. He also talked to the other people who worked in the restaurant and other guests.

　　One Friday evening, he said to Phyllis that he
10 wanted to buy a lottery ticket. He promised to give her half of the money if his ticket won. Together, they chose six numbers. Then Robert went across the street and bought the ticket.

　　Phyllis laughed and forgot about the ticket. But
15 the next evening, Robert walked into the restaurant and showed her the ticket. Together, they won $6 million, and he gave her half of the money! "After all," said Robert, "She helped me pick the numbers."

22 物語⑤ 幸運のチップ

解答

ROUND 1. ○ **ROUND 2.** (D) **ROUND 3.** 数字を選ぶこと

ROUND 2の選択肢の訳

(A)彼は警官だった。　(B)彼はフィリスに話し掛けるのが好きだった。
(C)彼はとても親切だった。　(D)彼は毎日宝くじを買った。

訳

　フィリスはニューヨークのピザレストランで働くウエートレスでした。毎日、彼女は実にいろいろなタイプのお客を見ました――親切な人もいれば、そうでない人もいました。彼女の得意客の一人は、<u>ロバートという警官でした</u>。彼はよくそのレストランで夕食を取り、<u>とても親切で気さくでした</u>。<u>彼はフィリスに話し掛けるのが好きでした</u>。彼はレストランで働いていた他の人たちや、他の客にも話し掛けました。

　ある金曜日の晩、彼はフィリスに、宝くじ券を買いたいと言いました。<u>彼は、もしくじが当たったら、(当選) 金の半分をフィリスにやると約束しました</u>。彼らは一緒に6つの数字を選びました。それからロバートは通りを渡ってくじを買いました。

　フィリスは笑って、そのくじのことは忘れました。ところが次の晩、ロバートはレストランに入ってきて彼女にくじを見せました。彼らは一緒に600万ドルを当て、彼は半額を彼女にあげたのです！「何と言っても」とロバートは言いました、「<u>彼女は僕が数字を選ぶのを手伝ってくれたんだからね</u>」と。

語注

12□ **chose:** choose (〜を選ぶ) の過去形
　□ **go across 〜:** 〜を横断する
14□ **forgot:** forget (忘れる) の過去形
16□ **$6 million:** 600万ドル　★million は「100万」
17□ **after all:** 何と言っても、結局のところ
18□ **helped me pick the numbers:** 自分が数字を選ぶのを手伝ってくれた　★help 〜 ...(動詞の原形)で「〜が…するのを手伝う」、pickは「〜を選ぶ」

23 エッセイ⑤

語数：185
難易度：★★★

新しい言語を学ぼう

今回は、英語学習法に関するエッセイを読んでみましょう。
英語を身に付ける効果的な学習方法とはどんなものでしょうか。さらに外国語を学ぶ過程でどんなことが起こるかも読み取ってください。

ROUND 1

①時間を計りながら、英文を読んでみましょう。かかった時間を下に書き留めてください。

⏱読むのにかかった時間：　　　分　　　秒

ポイント：約1分50秒で全て読めるか、挑戦してみよう！

　Learning another language is a great thing to do. It can help you to understand the world.

　One good way to learn English is to read lots of English books. If you are lucky, you will find some good books in
5 the library. At first, you should choose books with very simple words and sentences. Reading easy books will make learning English fun. When you see an unknown word, don't worry, just keep reading! Maybe you will understand it later.

10 　If the book isn't interesting, close it and choose a different one. The more you enjoy reading, the more you will learn. Your English reading will also help to make

23 エッセイ⑤ 新しい言語を学ぼう

your English speaking and listening better.

Learning a language can seem easier when you start. At first, you feel like you are learning quickly. Later, you feel like you are learning very slowly or not at all. This happens to everyone. In fact, you really are learning, so don't give up.

You cannot learn a new language in a month or two. It doesn't happen suddenly, but if you try hard, you can do it!

②次の文が英文の内容と合っていれば○、違っていれば×をつけましょう。 解答 → p.163

英語を学ぶためのいい方法は、たくさん英語を話すことだ。

―――――

ROUND 2

①次の英文に、意味の固まりごとにスラッシュを入れましょう。続いて、下の語注を参考にスラッシュごとの意味を考えてください。

3行目

One good way to learn English is to read lots of English books.

12行目

Your English reading will also help to make your English speaking and listening better.

15行目

Later, you feel like you are learning very slowly or not at all.

> **読み方のヒント**
> 12行目のmake your English speaking and listening betterは「英語を話したり聞いたりする力を上達させる」という意味です。make ～ ...は「～を…にする」の意味で、～にyour English speaking and listening（英語を話したり聞いたりすること）、...にbetter（より良い）が入っています。

語注

3 □ **good way to learn English:** 英語を学ぶための、いい方法
　□ **lots of ～:** たくさんの～
6 □ **simple:** 簡単な
　□ **sentence:** 文
　□ **reading easy books:** 簡単な本を読むこと
7 □ **make learning English fun:** 英語の勉強を楽しくする
　□ **unknown:** 知らない

8 □ **keep reading:** 読み進める
　★keep -ingで「～し続ける」
　□ **maybe:** もしかすると
11 □ **the more ～, the more ...:** ～すればするほど、ますます…
15 □ **feel like ～:** ～のように感じる
16 □ **slowly:** 遅く、ゆっくりと
　□ **not at all:** 全く～ない
19 □ **a month or two:** 1カ月か2カ月
20 □ **happen:** 起こる

23 エッセイ⑤ 新しい言語を学ぼう

②①で自分が考えたスラッシュの位置と意味を、次と比べてみましょう。

One good way / to learn English / is to read /
いい方法の一つは　　英語を学ぶための　　　読むことです

lots of English books. /
たくさんの英語の本を。

Your English reading / will also help　/　to make /
英語を読むことは　　　　　　役にも立つでしょう　　〜させる

your English speaking and listening / better. /
英語を話したり聞いたりすることを　　　　　　よりよく。

Later, /　you feel like　/　you are learning / very slowly /
後になると、あなたは感じます　　学んでいる　　　　　とても遅く

or not at all. /
または全くできていない。

③英文をもう一度読んで、かかった時間を下に書き留めてください。

⏱読むのにかかった時間：　　　分　　　秒

ポイント：ROUND 1よりも短い時間で読めるかに挑戦！

④次の質問の答えを(A)〜(D)から選びましょう。 解答→p.163

英文で、この学習法を取り入れる際に、するように書かれて<u>いない</u>のは次のどれですか。

(A) Choose books with very simple words.
(B) If the book isn't interesting, choose a different one.
(C) When you see an unknown word, keep reading.
(D) Listen to spoken English, too.

ROUND 3

① 最後に音声を聞きながら英文を読んでみましょう。
→音声が遅く感じる場合は、「速読用音声」に挑戦！（詳しくはp.9参照）。

ポイント：音声のスピードで読みながら、内容を理解できるかに挑戦！

② 次の質問に答えましょう。 解答 → p.163

英語を学んでいると、後にどうなると書かれていますか。

解答のヒント　＊R1②、R2④、R3②の問題のヒントは以下の部分です。

　　Learning another language is a great thing to do. It can help you to understand the world.
　　R1 One good way to learn English is to read lots of English books. If you are lucky, you will find some good books in
5 the library. At first, you should **R2** choose books with very simple words and sentences. Reading easy books will make learning English fun. **R2** When you see an unknown word, don't worry, just keep reading! Maybe you will understand it later.
10 　**R2** If the book isn't interesting, close it and choose a different one. The more you enjoy reading, the more you will learn. Your English reading will also help to make your English speaking and listening better.
　　Learning a language can seem easier when you start.
15 At first, you feel like you are learning quickly. **R3** Later, you feel like you are learning very slowly or not at all. This happens to everyone. In fact, you really are learning, so don't give up.

23 エッセイ⑤ 新しい言語を学ぼう

　　　You cannot learn a new language in a month or two. It
20　doesn't happen suddenly, but if you try hard, you can do it!

解答

ROUND 1. ×　**ROUND 2.** (D)
ROUND 3. 身に付くのがとても遅いか、全くできていないような気がする

ROUND 2の選択肢の訳
(A) ごく簡単な言葉で書かれた本を選ぶ。
(B) もし本が面白くなかったら、別の本を選ぶ。
(C) 知らない単語があっても、読み進める。
(D) 話される英語も聞く。

訳

　別の言語を学ぶのは素晴らしいことです。世界を理解する役に立ちます。英語を学ぶための、いい方法の一つは、たくさんの英語の本を読むことです。運が良ければ、図書館で何かいい本が見つかるでしょう。最初は、ごく簡単な言葉や文で書かれた本を選ぶといいでしょう。簡単な本を読むと英語の勉強が楽しくなるでしょう。知らない単語があっても、気にせず、とにかく読み進めましょう！　もしかすると後で意味が分かるかもしれません。

　もし本が面白くなかったら、それは閉じて別の本を選びましょう。読むのを楽しめば楽しむほど、ますます身に付くことでしょう。英語を読むことは、英語を話したり聞いたりする力を上達させるのにも役立つでしょう。

　言語の学習は、始めたころの方が簡単に思えるかもしれません。最初はどんどん身に付いていく感じがします。後になると、身に付くのがとても遅いか、全くできていないように感じます。これは誰にでも起こることです。実際にはちゃんと身に付いているのですから、諦めてはいけません。

　新しい言語は1カ月や2カ月で学べるものではありません。いきなり成就はしませんが、しっかり頑張れば、できますよ！

24 物語⑥

語数：190
難易度：★★☆

象の綱

今回は、物語を読んでみましょう。
タイで象を見た女性は、調教師に何を尋ねたのでしょうか。また彼女が驚いた理由も読み取ってください。

ROUND 1

①時間を計りながら、英文を読んでみましょう。かかった時間を下に書き留めてください。

⏱読むのにかかった時間：　　　分　　　秒

ポイント：約1分50秒で全て読めるか、挑戦してみよう！

　One day, a woman was walking in a small town in Thailand. She saw some huge elephants. They were tied to a post by a thin rope. She thought that it would be easy for the elephants to run away, but they didn't.

5　There was a man near the elephants. So she asked him, "Why do such strong animals just stand there? Don't they try to get away?" "Well," the trainer said, "when they are very young and much smaller, we use the same size rope to tie them. At that age, it's
10　enough to hold them. As they grow up, they still believe they cannot run away. They believe the rope can still hold them, so they never try to get away."

24 物語⑥ 象の綱

　The woman was surprised. The animals could run away at any time. But because they believed they couldn't, they just stayed there.

　Like the elephants, many of us believe that we cannot do something just because we failed one time. We learn by making mistakes. We should never give up and always try to do our best. Remember: if at first you don't succeed, try, try again.

②次の文が英文の内容と合っていれば○、違っていれば×をつけましょう。 解答→p.169

女性は象が太い綱でつながれているのを見た。

ROUND 2

①次の英文に、意味の固まりごとにスラッシュを入れましょう。続いて、下の語注を参考にスラッシュごとの意味を考えてください。

3行目

She thought that it would be easy for the elephants to run away, but they didn't.

11行目

They believe the rope can still hold them, so they never try to get away.

16行目

Like the elephants, many of us believe that we cannot do something just because we failed one time.

語注
2 ☐ **Thailand:** タイ
　☐ **huge:** 巨大な
　☐ **be tied to ~:** ~につながれている
　　★tieは「~をつなぐ」
3 ☐ **post:** くい、支柱
　☐ **thin:** (綱が) 細い
　☐ **it would be easy for the elephants to run away:** 象なら逃げるのは簡単だろう　★wouldは「~だろう」、run awayは「逃げる」
7 ☐ **get away:** 逃げる
　☐ **trainer:** (動物の) 調教師
9 ☐ **same size:** 同じサイズ

10 ☐ **enough:** 十分な
　☐ **hold:** ~を押さえる・固定する
　☐ **as:** ~する時に
　☐ **grow up:** 成長する
11 ☐ **cannot:** can'tと同じ
14 ☐ **at any time:** いつでも
17 ☐ **just because ~:** ~だというだけで
　☐ **fail:** 失敗する、しくじる
18 ☐ **make mistakes:** 失敗する、間違える
20 ☐ **succeed:** うまくいく、成功する

24 物語⑥ 象の綱

② ①で自分が考えたスラッシュの位置と意味を、次と比べてみましょう。

She thought / that it would be easy / for the elephants /
彼女は思いました　簡単だろうと　　　　　　　　　象にとって

to run away, / but they didn't. /
逃げるのは、　　でもそれらはそうしないのでした。

They believe /　the rope can still hold them, /
それらは信じています　綱がまだ自分たちをつなぎ留めておけると、

so they never try　　/　　to get away. /
だから決してしようとしないのです　逃げることを。

Like the elephants, / many of us believe /
この象たちのように、　　私たちの多くも思い込みます

that we cannot do something / just because we failed /
何かができないと　　　　　　　うまくいかなかったというだけの理由で

one time. /
一度。

③英文をもう一度読んで、かかった時間を下に書き留めてください。

⏱読むのにかかった時間：　　　　分　　　　秒

ポイント：ROUND 1よりも短い時間で読めるかに挑戦！

④次の質問の答えを(A)～(D)から選びましょう。 解答→p.169

英文によると、象が逃げないのはなぜですか。

(A) The rope is too thick.

(B) They tried to get away one time and failed.

(C) They believe the rope can hold them.

(D) They don't want to get away.

ROUND 3

① 最後に音声を聞きながら英文を読んでみましょう。
→音声が遅く感じる場合は、「速読用音声」に挑戦！（詳しくはp.9参照）。

ポイント：音声のスピードで読みながら、内容を理解できるかに挑戦！

② 次の質問に答えましょう。 解答→p.169
英文によると、私たちの多くが何かができないと思い込むのはなぜでしょうか。

_____

解答のヒント　＊R1②、R2④、R3②の問題のヒントは以下の部分です。

　　One day, a woman was walking in a small town in Thailand. **She saw some huge elephants. They were tied to a post by a thin rope.** She thought that it would be easy for the elephants to run away, but they didn't.
　　There was a man near the elephants. So she asked him, "Why do such strong animals just stand there? Don't they try to get away?" "Well," the trainer said, "when they are very young and much smaller, we use the same size rope to tie them. At that age, it's enough to hold them. As they grow up, they still believe they cannot run away. They believe the rope can still hold them, so they never try to get away."
　　The woman was surprised. The animals could run away at any time. But because they believed they couldn't, they just stayed there.
　　Like the elephants, **many of us believe that we cannot do something just because we failed one time.**

24 物語⑥ 象の綱

We learn by making mistakes. We should never give
up and always try to do our best. Remember: if at
20　first you don't succeed, try, try again.

解答
ROUND 1. ×　**ROUND 2.** (C)
ROUND 3. 一度うまくいかなかったから
ROUND 2の選択肢の訳
(A)綱が太過ぎるから。　(B)一度逃げようとして失敗したから。
(C)綱が自分たちをつなぎ留めておけると信じているから。
(D)逃げたくないから。

訳

　ある日、女性がタイの小さな町を歩いていました。彼女は数頭の巨大な象を見ました。それらは1本の細い綱でくいにつながれていました。象なら逃げるのは簡単だろうと思いましたが、そうしないのでした。

　象の近くに男性がいました。そこで彼女は彼に尋ねました、「あんなに力の強い動物たちが、そこにじっと立っているのはなぜですか。逃げようとしないのですか」と。「それはね」と調教師は言いました、「あの子たちがとても幼くてずっと小さいうちに、彼らをつなぐのに同じ太さの綱を使うんです。その年齢であれば、彼らをつなぎ留めておくには十分です。成長しても、相変わらず自分たちは逃げられないと信じています。綱がまだ自分たちをつなぎ留めておけると信じているので、決して逃げようとしないのです」。

　女性は驚きました。あの動物たちはいつでも逃げられたのです。ところが、できないと信じ込んでいたために、そこにじっとしていたのでした。

　この象たちのように、私たちの多くも、一度うまくいかなかったというだけで、何かができないと思い込みます。私たちは失敗して学ぶものです。決して諦めず、いつも最善を尽くすべきです。覚えておきましょう、もし最初にうまくいかなくても、繰り返しやってみるのです。

25 記事⑧

孔子

語数：169
難易度：★★★

今回は、孔子（Confucius）に関する記事を取り上げます。
孔子は人がどうあることを重要だと考えたのでしょうか。孔子の思想を学んでください。また幾つかの孔子の言葉を英語で読んでみましょう。

ROUND 1

①時間を計りながら、英文を読んでみましょう。かかった時間を下に書き留めてください。

⏱読むのにかかった時間：　　分　　秒

ポイント：約1分40秒で全て読めるか、挑戦してみよう！

　Confucius was one of the greatest teachers in history. Even though he was born in China more than 2,500 years ago, people today still believe he was very wise. People study his ideas not just in China but in many other
5　countries, too. Confucius believed loving others was very important. He put great value in being honest and kind.

　The sayings of Confucius are written in a book called "The Analects." One of them is, "Do not do to others what you do not want done to yourself." The same kind of thing
10　is said in the Bible — if you want people to be kind to you, you should be kind to other people.

　Confucius also knew the value of education. He said, "To

25 記事⑧ 孔子

study and not think is a waste. To think and not study is dangerous." What do you think he meant? The sayings of Confucius make us think. That's why they are still popular today. We must use our education to help us think for ourselves.

②次の文が英文の内容と合っていれば○、違っていれば×をつけましょう。 解答 → p.175

孔子の思想は多くの国で学ばれている。

写真：田中重樹/アフロ

ROUND 2

①次の英文に、意味の固まりごとにスラッシュを入れましょう。続いて、下の語注を参考にスラッシュごとの意味を考えてください。

7行目

The sayings of Confucius are written in a book called "The Analects."

8行目

"Do not do to others what you do not want done to yourself."

10行目

if you want people to be kind to you, you should be kind to other people.

語注

1 ☐ **Confucius:** 孔子　★（前552-前479）。中国の思想家。英語名は、尊称の「孔夫子」より
　☐ **the greatest teachers:** 最も偉大な教育者
2 ☐ **even though ～:** ～にもかかわらず
　☐ **more than ～:** ～余り
3 ☐ **wise:** 賢い
5 ☐ **loving others:** 他人を愛すること
6 ☐ **value:** 価値
　☐ **being honest and kind:** 正直で親切であること
7 ☐ **saying:** 言葉、格言
　☐ **a book called "The Analects":** 『論語』という本　★『論語』は孔子と弟子たちの言行を記した書物。analectsは「語録」の意味
8 ☐ **what you do not want done to yourself:** 自分がされたくないこと
10☐ **the Bible:** 聖書
12☐ **education:** 教育
13☐ **waste:** 無駄
14☐ **dangerous:** 危険な
　☐ **meant:** mean (～のことを言おうとする) の過去形
15☐ **that's why ～:** だから～
17☐ **for ourselves:** 自力で

25 記事⑧ 孔子

② ①で自分が考えたスラッシュの位置と意味を、次と比べてみましょう。

The sayings of Confucius / are written / in a book /
孔子の言葉は　　　　　　　記されています　本に

called "The Analects." /
『論語』と呼ばれる。

"Do not do　/　to others / what you do not want done /
「してはいけない　他の人に　　されたくないことを

to yourself." /
自分自身に」。

if you want people / to be kind　/　to you, /
もし人々に望むならば　親切であることを　あなたに対して、

you should be kind / to other people. /
親切にすべきです　　　　　他の人々に。

③英文をもう一度読んで、かかった時間を下に書き留めてください。

　　読むのにかかった時間：　　　　分　　　　秒

　ポイント：**ROUND 1**よりも短い時間で読めるかに挑戦！

④次の質問の答えを(A)〜(D)から選びましょう。 解答 → p.175

孔子が大切と考えていたと英文に書かれて<u>いない</u>ものは、次のうちどれですか。

(A) Believing in oneself
(B) Being kind
(C) Being honest
(D) Loving others

ROUND 3

① **最後に音声を聞きながら英文を読んでみましょう。**
→音声が遅く感じる場合は、「速読用音声」に挑戦！（詳しくはp.9参照）。

ポイント：音声のスピードで読みながら、内容を理解できるかに挑戦！

② **次の質問に答えましょう。** 解答→p.175

孔子の言葉で、聖書でも同様のことが言われているのはどんなものですか。

解答のヒント ＊R1②、R2④、R3②の問題のヒントは以下の部分です。

　　Confucius was one of the greatest teachers in history. Even though he was born in China more than 2,500 years ago, people today still believe he was very wise. People study his ideas not just in China but in many other countries, too. Confucius believed loving others was very important. He put great value in being honest and kind.

　　The sayings of Confucius are written in a book called "The Analects." One of them is, "Do not do to others what you do not want done to yourself." The same kind of thing is said in the Bible — if you want people to be kind to you, you should be kind to other people.

　　Confucius also knew the value of education. He said, "To study and not think is a waste. To think and not study is dangerous." What do you think he meant? The sayings of Confucius make us think. That's why they are still popular today. We must use our education to help us think for ourselves.

25 記事⑧ 孔子

解答

ROUND 1. ○ **ROUND 2.** (A)
ROUND 3. 自分自身がされたくないことを他の人にしてはいけない
（己の欲せざるところは人に施すなかれ）

ROUND 2 の選択肢の訳
(A) 自分自身を信じること　(B) 親切であること
(C) 正直であること　　　　(D) 他人を愛すること

訳

　孔子は歴史上最も偉大な教育者の一人です。2500年余り前の中国に生まれたにもかかわらず、人々は現代でもなお、彼がとても賢かったと信じています。彼の思想は、中国ばかりでなく、他の多くの国でも人々が学んでいます。孔子は他人を愛することがとても大切だと考えました。彼は、正直で親切であることに大きな価値を置きました。

　孔子の言葉は『論語』という本に記されています。その一つは「自分自身がされたくないことを他の人にしてはいけない（己の欲せざるところは人に施すなかれ）」です。同じようなことは聖書でも言われています。人々に親切にしてほしければ、他の人に親切にすべきだと。

　孔子はまた教育の価値も知っていました。彼は言いました「勉強するだけで（自分で）考えないと、（勉強は）無駄になってしまう。考えるだけで勉強しなければ危険だ（学びて思わざれば、すなわちくらし、思いて学ばざれば、すなわちあやうし）」と。彼は何を言いたかったのだと思いますか。孔子の言葉は私たちを考えさせます。だから現在でもまだ人気があるのです。私たちは、自力で考えるのを手助けするために教育を使わなくてはなりません。

26 物語⑦

語数：194
難易度：★★☆

危険なドライブ

今回は、物語を読んでみましょう。
夜遅くに友人の家から車で帰ろうとした女性に、何が起きたのでしょうか。

ROUND 1

①時間を計りながら、英文を読んでみましょう。かかった時間を下に書き留めてください。

⌚読むのにかかった時間： 　　分　　　秒

ポイント：約1分55秒で全て読めるか、挑戦してみよう！

　A woman was visiting some friends. When she got into her car later, she saw another car start up behind her. It was 2:00 a.m., and there weren't any other cars around. When she started to drive home, the other car followed
5　her. Some of the time the driver would come very close, but he never passed her.

　She drove faster and faster to get away, but he still followed. She went through red lights, and he went through them, too. When she got to her house, she stopped
10　the car quickly, and the man stopped his car right behind her. She shouted out, and her husband came running. Just then, the man jumped out of his car, and her husband

26 物語⑦ 危険なドライブ

ran over to him. The husband asked, "What's happening here?" The woman said, "This man followed me all the way home." The man said, "I followed your wife because when I got into my car, I saw a man hiding in her car's back seat." The husband went to his wife's car, opened the door, and found a strange man inside.

The husband and wife called the police. Then they thanked the man.

②次の文が英文の内容と合っていれば○、違っていれば×をつけましょう。 解答→p.181

女性が車で家に向かい始めると、別の車が追い越していった。

_____

ROUND 2

①次の英文に、意味の固まりごとにスラッシュを入れましょう。続いて、下の語注を参考にスラッシュごとの意味を考えてください。

1行目

When she got into her car later, she saw another car start up behind her.

12行目

Just then, the man jumped out of his car, and her husband ran over to him.

15行目

I followed your wife because when I got into my car, I saw a man hiding in her car's back seat.

語注

1 ☐ **get into ～:** ～（車）に乗り込む
2 ☐ **see ～ ...(動詞の原形):** ～が…するのが見える
　☐ **start up:** エンジンがかかる
3 ☐ **a.m.:** 午前
4 ☐ **follow:** (～の後に) ついていく
5 ☐ **some of the time:** 時折
　☐ **close:** 近くに
6 ☐ **pass:** ～を追い越す
7 ☐ **drove:** drive (車を運転する) の過去形
　☐ **faster and faster:** ますます速く、どんどんスピードを上げて　★-er and -erで「ますます～」

　☐ **get away:** 逃げる
8 ☐ **go through red lights:** 赤信号を無視して進む
9 ☐ **get to ～:** ～に着く
10 ☐ **right behind ～:** ～のすぐ後ろに
11 ☐ **shout out:** 大声で叫ぶ
　☐ **husband:** 夫
12 ☐ **jump out of ～:** ～から跳び出す
13 ☐ **run over to ～:** ～に駆け寄る
14 ☐ **all the way home:** 家に帰るまでずっと
16 ☐ **hide:** 隠れる
18 ☐ **strange:** 見知らぬ
20 ☐ **thank:** ～に感謝する

26 物語⑦ 危険なドライブ

② ①で自分が考えたスラッシュの位置と意味を、次と比べてみましょう。

When she got / into her car / later, / she saw another car /
彼女が乗り込んだ時　彼女の車に　　　後になって、　彼女は別の車を見ました

start up　　 /　　behind her. /
エンジンがかかるのを　彼女の後ろで。

Just then, / the man jumped /   out of his car, /
ちょうどその時、　その男が跳び降りました　　車から、

and her husband ran over / to him. /
そして夫は駆け寄りました　　　　彼の方へと。

I followed your wife / because / when I got into my car, /
私は奥さんの後をつけました　なぜなら　　私が自分の車に乗り込んだ時

I saw a man hiding　 /   in her car's back seat. /
男性が隠れているのが見えた　彼女の車の後部座席に。

③英文をもう一度読んで、かかった時間を下に書き留めてください。

⏱読むのにかかった時間：｜　　　分　　　秒

ポイント：ROUND 1よりも短い時間で読めるかに挑戦！

④次の質問の答えを(A)〜(D)から選びましょう。 解答→p.181

家に帰る途中で女性は何をしましたか。

(A) She went through red lights.
(B) She passed a car.
(C) She drove slowly.
(D) She followed a car.

ROUND 3

① 最後に音声を聞きながら英文を読んでみましょう。

→音声が遅く感じる場合は、「速読用音声」に挑戦！（詳しくはp.9参照）。

ポイント：音声のスピードで読みながら、内容を理解できるかに挑戦！

② 次の質問に答えましょう。 解答→p.181

男性が女性の後をつけてきたのはなぜですか。

解答のヒント　＊R1②、R2④、R3②の問題のヒントは以下の部分です。

　　A woman was visiting some friends. When she got into her car later, she saw another car start up behind her. It was 2:00 a.m., and there weren't any other cars around. When she started to drive home, the other car followed her. Some of the time the driver would come very close, but he never passed her.

　　She drove faster and faster to get away, but he still followed. She went through red lights, and he went through them, too. When she got to her house, she stopped the car quickly, and the man stopped his car right behind her. She shouted out, and her husband came running. Just then, the man jumped out of his car, and her husband ran over to him. The husband asked, "What's happening here?" The woman said, "This man followed me all the way home." The man said, "I followed your wife because when I got into my car, I saw a man hiding in her car's back seat." The husband went to his wife's car, opened the door, and found a strange man inside.

26 物語⑦ 危険なドライブ

The husband and wife called the police. Then they
20　thanked the man.

解答

ROUND 1. ×　　**ROUND 2.** (A)
ROUND 3. 自分の車に乗り込んだ時、彼女の車の後部座席に男性が隠れているのが見えたから

ROUND 2の選択肢の訳
(A)彼女は赤信号を無視した。　(B)彼女は車を追い越した。
(C)彼女はゆっくり運転した。　(D)彼女は車の後をついていった。

訳

　ある女性が友人たちを訪ねていました。後になって自分の車に乗り込んだ時、彼女は自分の後ろで別の車がエンジンをかけるのを見ました。午前2時で、周囲に他の車はありませんでした。彼女が車で家に向かい始めると、その別の車は彼女の後をついてきました。時折、運転手はとても近づいてきましたが、彼女を追い越すことは決してありませんでした。

　彼女は逃げようとどんどんスピードを上げて運転しましたが、相手はやはり、ついてきました。彼女は赤信号を無視して進みましたが、相手も信号を無視しました。家に着いて、彼女が急いで車を止めると、その男もすぐ後ろに車を止めました。彼女は大声で叫び、夫が走ってきました。ちょうどその時、その男が車から跳び降りたので、夫は彼の方へと駆け寄りました。夫は「これはどういうことだ?」と尋ねました。女性は「この男が家に帰るまでずっと、ついてきたのよ」と言いました。男は言いました、「私が奥さんの後をつけてきたのは、私が自分の車に乗り込んだ時、彼女の車の後部座席に男性が隠れているのが見えたからです」。夫が妻の車に近寄り、ドアを開けると、中に見知らぬ男がいるのを見つけました。

　夫妻は警察を呼びました。そして男性に感謝しました。

27 物語⑧

語数：185
難易度：★★☆

獄中からのお手伝い

今回は、物語を読んでみましょう。
年老いた男性はどんなことで困っていたのか、そして息子はどんなふうにそれを助けたかを読み取ってください。

ROUND 1

①時間を計りながら、英文を読んでみましょう。かかった時間を下に書き留めてください。

⏱読むのにかかった時間：　　分　　秒

ポイント：約1分50秒で全て読めるか、挑戦してみよう！

　An old gentleman lived alone. One spring, he wanted to plant tomatoes in his garden. It was very difficult work, as the ground was hard. His only son, David, used to help him, but he was in prison. The old man wrote a letter to
5　his son.

"Dear David,
I am feeling sad because I won't be able to plant tomatoes in the garden this year. I'm now too old to dig in the garden. I know if you were here, my troubles would be
10　over. I know you would be happy to dig up the garden for me, like in the old days.

27 物語⑧ 獄中からのお手伝い

Love,

Papa"

A few days later he received a letter from his son.

"Dear Papa,

Don't dig up that garden. I buried some bodies there.

Love,

David"

Early the next morning, the police arrived at the man's house and dug up the garden, but they didn't find any bodies. They told the old man they were sorry and left. That same day, the old man received another letter from his son.

"Dear Papa,

Now you can plant the tomatoes.

Love,

David"

②次の文が英文の内容と合っていれば○、違っていれば×をつけましょう。 解答→p.187

デービッドは手紙に「あの庭は掘らないで」と書いた。　_____

ROUND 2

①次の英文に、意味の固まりごとにスラッシュを入れましょう。続いて、下の語注を参考にスラッシュごとの意味を考えてください。

7行目

I am feeling sad because I won't be able to plant tomatoes in the garden this year.

10行目

I know you would be happy to dig up the garden for me, like in the old days.

19行目

Early the next morning, the police arrived at the man's house and dug up the garden, but they didn't find any bodies.

語注

- 2 □ **plant:** ～を植える
- 3 □ **as:** ～なので
  □ **used to ～（動詞の原形）:** 以前は～したものだった
- 4 □ **prison:** 刑務所
- 7 □ **be able to ～（動詞の原形）:** ～できる
- 8 □ **too old to dig in the garden:** 年を取り過ぎていて庭を掘れない ★too ～ to ...（動詞の原形）は「～過ぎて…できない」、digは「掘る」
- 9 □ **I know ～:** ～だと分かっている、きっと～だろうと確信している
  □ **if you were here, my troubles would be over:** おまえがここにいてくれたら、わしの苦労も終わるだろうに ★if you were ～, ... would ― は「もしあなたが～だったら、…は――だろう」
- 10 □ **be happy to ～（動詞の原形）:** 喜んで～する
- 11 □ **like in the old days:** 昔のように
- 12 □ **Love:**（手紙の結びで）愛を込めて
- 13 □ **papa:** パパ
- 16 □ **bury:** ～を埋める
  □ **body:** 死体
- 20 □ **dug:** dig（掘る）の過去形

27 物語⑧ 獄中からのお手伝い

② ①で自分が考えたスラッシュの位置と意味を、次と比べてみましょう。

I am feeling sad / because I won't be able / to plant tomatoes /
わしは悲しい気持ちだよ　なぜならできそうにないので　　トマトを植えることが

in the garden / this year. /
庭に　　　　　今年は。

I know / you would be happy　/　to dig up the garden /
きっと　おまえなら喜んでしてくれるだろう　庭を掘ることを

for me, / like in the old days. /
わしのために、昔のように。

Early the next morning, / the police arrived /
次の朝早く、　　　　　　　　警察がやって来て

at the man's house / and dug up the garden, /
男性の家に　　　　　庭を掘り返しました、

but they didn't find any bodies. /
しかし、死体は見つかりませんでした。

③ 英文をもう一度読んで、かかった時間を下に書き留めてください。

　読むのにかかった時間：　　　分　　　秒

ポイント：**ROUND 1**よりも短い時間で読めるかに挑戦！

④ 次の質問の答えを(A)〜(D)から選びましょう。　解答 → p.187

男性が庭にトマトを植えられない理由で<u>ない</u>のはどれですか。

(A) The ground was hard.

(B) He was too old to dig in the garden.

(C) His son was in prison.

(D) He buried some bodies in the garden.

ROUND 3

① 最後に音声を聞きながら英文を読んでみましょう。
→音声が遅く感じる場合は、「速読用音声」に挑戦！（詳しくはp.9参照）。

ポイント：音声のスピードで読みながら、内容を理解できるかに挑戦！

② 次の質問に答えましょう。 解答→p.187
手紙に「これでトマトが植えられるね」とあるのはなぜですか。

解答のヒント　＊R1②、R2④、R3②の問題のヒントは以下の部分です。

　　An old gentleman lived alone. One spring, he wanted to plant tomatoes in his garden. It was very difficult work, as the ground was hard. His only son, David, used to help him, but he was in prison. The old man wrote a letter to
5 his son.

"Dear David,
I am feeling sad because I won't be able to plant tomatoes in the garden this year. I'm now too old to dig in the garden. I know if you were here, my troubles would be
10 over. I know you would be happy to dig up the garden for me, like in the old days.
Love,
Papa"

　　A few days later he received a letter from his son.

15 "Dear Papa,
Don't dig up that garden. I buried some bodies there.

27 物語⑧ 獄中からのお手伝い

　　Love,
　　David"

　Early the next morning, the police arrived at the man's
house and dug up the garden, but they didn't find any
bodies. They told the old man they were sorry and left.
That same day, the old man received another letter from
his son.

　"Dear Papa,
　Now you can plant the tomatoes.
　　Love,
　　David"

解答

ROUND 1. ○　**ROUND 2.** (D)
ROUND 3. (デービッドが「庭に死体を埋めた」と手紙に書いたので)
警察が男性の庭を掘り返したから

ROUND 2の選択肢の訳
(A) 地面が固かったから。
(B) 彼は年を取り過ぎていて庭を掘れないから。
(C) 彼の息子が刑務所に入っていたから。
(D) 彼が庭に死体を埋めたから。

訳

　ある高齢の男性が一人で暮らしていました。ある春のこと、彼は庭にトマトを植えたいと思いました。地面が固かったので、それはとても厄介な仕事でした。彼の一人息子、デービッドが以前は手伝ってくれたのですが、彼は刑務所に入っていました。老人は息子に手紙を書きました。

「デービッドへ
今年は庭にトマトを植えられそうにないので、悲しい気持ちだよ。わしは今では年を取り過ぎていて庭を掘れない。きっとおまえがここにいてくれたら、わしの苦労も終わるだろうに。きっとおまえなら、わしのために喜んで庭を掘ってくれるだろうに、昔と同じように。
愛を込めて
パパ」

　数日後、彼は息子からの手紙を受け取りました。

「パパへ
あの庭は掘らないで。僕がそこに死体を埋めたから。
愛を込めて
デービッド」

　翌朝早く、警察が男性の家にやって来て庭を掘り返しましたが、死体は見つかりませんでした。彼らは老人に申し訳ないと言って去っていきました。同じ日、老人は息子からもう一通の手紙を受け取りました。

「パパへ
これでトマトが植えられるね。
愛を込めて
デービッド」

第4章

TOEIC頻出タイプの英文を読む

28 ウェブサイト	p.190
29 連絡票	p.196
30 フォーム	p.202
31 メール	p.208
32 求人広告	p.214
33 告知	p.220
34 見積もり	p.226
35 スケジュール表	p.232
36 取扱説明書	p.240

CHAPTER 4

28 ウェブサイト

語数：116
難易度：★★☆

今回は、ウェブサイト（**website**）を読んでみましょう。
まず、このサイトではどんなトピックを扱っているかに注目してから、文章のテーマや細部を把握してください。

ROUND 1

①時間を計りながら、英文を読んでみましょう。かかった時間を下に書き留めてください。

⏱読むのにかかった時間：　　　分　　　秒

ポイント：約1分10秒で全て読めるか、挑戦してみよう！

Healthy Mind, Healthy Body

With Dr. Peter Blasio

This website answers your questions about how to stay healthy and happy.

Nov. 14: Today, I want to talk about art. "Wait a minute," you might say, "this is a website about health. What does that have to do with art?" Let me explain. The fact is that art has very much to do with staying healthy. Many people have told me that art makes them feel better. Studies have shown that art can help sick people get well. And I know many doctors

28 ウェブサイト

advise people to draw or paint while they are getting well. Today, I'll talk about the reason that art really can make a difference.

② 次の文が英文の内容と合っていれば○、違っていれば×をつけましょう。 解答→p.195

このウェブサイトで扱っている話題は絵と本だ。　_____

ROUND 2

①次の英文に、意味の固まりごとにスラッシュを入れましょう。続いて、下の語注を参考にスラッシュごとの意味を考えてください。

7行目

The fact is that art has very much to do with staying healthy.

9行目

Studies have shown that art can help sick people get well.

10行目

And I know many doctors advise people to draw or paint while they are getting well.

> **読み方のヒント**
> 10行目のhelp sick people get wellは「病人がよくなるのを助ける」という意味です。help ~ ...で「~が…するのを助ける」で、~の部分にsick people（病人）、…の部分にget well（よくなる）が入っています。

語注

2 ☐ **Dr. ~:** ~博士 ★doctorの略
3 ☐ **website:** ウェブサイト
 ☐ **how to stay healthy and happy:** 健康で楽しくいる方法 ★how to ~（動詞の原形）で「~する方法」、stay healthyで「健康でいる」
5 ☐ **Wait a minute.:** ちょっと待ってください。
6 ☐ **might:** ~かもしれない
 ☐ **health:** 健康

7 ☐ **have to do with ~:** ~と関係がある
 ☐ **let me ~（動詞の原形）:** ~させてください、~しましょう
 ☐ **explain:** 説明する
 ☐ **the fact is that ~:** 事実は~だ、実のところ~だ
 ☐ **have very much to do with ~:** ~ととても大きな関係がある

（語注はp.195に続く）

28 ウェブサイト

② ①で自分が考えたスラッシュの位置と意味を、次と比べてみましょう。

The fact is / that art has very much to do /
実のところ　　芸術はとても大きな関係があるのです

with staying healthy. /
健康を保つことと。

Studies have shown / that art can help sick people /
研究が示しています　　芸術は病人を助けることができると

get well. /
よくなるのを。

And I know / many doctors advise people / to draw or paint /
それに私は知っています　多くの医師が人々に勧めるのを　　絵を描くように

while they are getting well. /
彼らが治りかけの時に。

③ 英文をもう一度読んで、かかった時間を下に書き留めてください。

⏱ 読むのにかかった時間：　　　分　　　秒

ポイント：**ROUND 1**よりも短い時間で読めるかに挑戦！

④ 次の質問の答えを(A)〜(D)から選びましょう。　解答 → p.195

この英文を書いている人の職業は、次のうちどれですか。

(A) An artist
(B) A musician
(C) A teacher
(D) A doctor

ROUND 3

① 最後に音声を聞きながら英文を読んでみましょう。
→音声が遅く感じる場合は、「速読用音声」に挑戦！（詳しくはp.9参照）。

ポイント：音声のスピードで読みながら、内容を理解できるかに挑戦！

② 次の質問に答えましょう。 解答 → p.195
医師は人々が治りかけの時に、何を勧めると書かれていますか。

解答のヒント ＊R1②、R2④、R3②の問題のヒントは以下の部分です。

Healthy Mind, Healthy Body
With Dr. Peter Blasio
This website answers your questions about how to stay healthy and happy.

5　**Nov. 14:** Today I want to talk about art. "Wait a minute," you might say, "this is a website about health. What does that have to do with art?" Let me explain. The fact is that art has very much to do with staying healthy. Many people have told me that art makes them feel better. Studies have shown that
10　art can help sick people get well. And I know many doctors advise people to draw or paint while they are getting well. Today, I'll talk about the reason that art really can make a difference.

28 ウェブサイト

解答

ROUND 1. ×　**ROUND 2.** (D)　**ROUND 3.** 絵を描くこと

ROUND 2の選択肢の訳
(A)芸術家　(B)音楽家　(C)教師　(D)医師

訳

健康な心、健康な体
ピーター・ブレイジオ博士による
このウェブサイトは、健康で楽しくいる方法に関する皆さんの疑問にお答えします。

11月14日：今日は芸術についてお話ししたいと思います。「ちょっと待って」とあなたは言うかもしれません、「ここは健康に関するウェブサイトなのに。芸術と何の関係があるの？」と。ご説明しましょう。実のところ、芸術は健康を保つことと、とても大きな関係があるのです。多くの人が、芸術のおかげで気分がよくなると、私に話してくれています。芸術は病人が治るのを助けることができると、研究が示しています。それに私は、多くの医師が治りかけの時に、人々に絵を描くよう勧めるのも知っています。今日は、芸術が実際に効果を及ぼすことができる理由をお話ししましょう。

語注

9　☐ **make them feel better:** 彼らを気分よくする、〜（主語）のおかげで彼らの気分がよくなる　★make 〜 ...は「〜に…させる」、feel betterは「気分がよくなる」
　☐ **study:** 研究
10　☐ **get well:** (病気が) 治る
11　☐ **advise 〜 to ...（動詞の原形）:** 〜に…することを勧める
　☐ **draw or paint:** 絵を描く　★drawは「線画を描く」、paintは「色を塗って描く」
12　☐ **the reason that 〜:** 〜する理由
　☐ **make a difference:** 違いを生む、効果がある　★differenceは「違い、差」

29
連絡票

語数：156
難易度：★★☆

今回は、連絡票 (memo) を読んでみましょう。
ペットフード製造会社の社内連絡票です。まず、いつ・誰が・誰宛てに書いた連絡票かに注目し、さらにこれが書かれた目的をつかんでください。

ROUND 1

①時間を計りながら、英文を読んでみましょう。かかった時間を下に書き留めてください。

⏱読むのにかかった時間：　　分　　秒

ポイント：約1分30秒で全て読めるか、挑戦してみよう！

AFC Animal Foods Co. Inc.
OFFICE MEMO

Date: Tuesday, Sept. 9
To: Ms. Jane Chen, Marketing Dept.
From: Kevin Basil, Business Planning Dept.
Subject: Wentworth Pet Hospital

As you know, we have just met with the people from Wentworth Pet Hospital. They would like to try our company's pet foods for cats and dogs. This is a very important business chance for us. If they are happy with

29 連絡票

our pet foods, other Wentworth Pet Hospitals may also use our pet foods. There are already five Wentworth Pet Hospitals, and they plan to open five more next year. I will talk to our factory manager about making more pet food for Wentworth. But first, I want to hear your ideas about how the Marketing Dept. can help. I will call you later today. Let's talk about a time and place to meet. If it is possible, I want to meet tomorrow morning.

Kevin Basil
Business Planning Dept.

②次の文が英文の内容と合っていれば○、違っていれば×をつけましょう。 解答 → p.201

ベイジルさんはチェンさんの考えを聞くために、このメモを書いた。

_____

ROUND 2

①次の英文に、意味の固まりごとにスラッシュを入れましょう。続いて、下の語注を参考にスラッシュごとの意味を考えてください。

8行目

They would like to try our company's pet foods for cats and dogs.

13行目

I will talk to our factory manager about making more pet food for Wentworth.

15行目

But first, I want to hear your ideas about how the Marketing Dept. can help.

語注

1. ☐ **Co.:** 会社 ★= company
   ☐ **Inc.:** 株式会社 ★= incorporated
2. ☐ **memo:** 連絡票
4. ☐ **Marketing Dept.:** マーケティング部 ★Dept.= department（部、課）
5. ☐ **Business Planning Dept.:** 事業計画部
6. ☐ **subject:** 件名
7. ☐ **as you know:** ご存じの通り
   ☐ **met:** meet（会う）の過去形
8. ☐ **would like to ～（動詞の原形）:** ～したいと思う
10. ☐ **be happy with ～:** ～に満足している
14. ☐ **factory manager:** 工場長
    ☐ **making more pet food:** ペットフードを増産すること
16. ☐ **how the Marketing Dept. can help:** マーケティング部からどんな協力を得られそうか
17. ☐ **time and place to meet:** 打ち合わせをする時間と場所
    ☐ **if it is possible:** もしできれば

29 連絡票

② ①で自分が考えたスラッシュの位置と意味を、次と比べてみましょう。

They would like to try / our company's pet foods /
彼らは試したがっています　わが社のペットフードを

for cats and dogs. /
猫用と犬用の。

I will talk　/　to our factory manager /
私は話すつもりです　工場長と

about making more pet food / for Wentworth. /
ペットフードを増産することについて　ウェントワース向けの。

But first, / I want to hear your ideas /
ですが、まず、あなたの考えを聞きたいと思います

about how the Marketing Dept. can help. /
マーケティング部はどのように協力してくれそうかについて。

③英文をもう一度読んで、かかった時間を下に書き留めてください。

　⏱読むのにかかった時間：｜　　分　　　秒　｜

ポイント：ROUND 1よりも短い時間で読めるかに挑戦！

④次の質問の答えを(A)〜(D)から選びましょう。 解答 → p.201

チェンさんとベイジルさんはどのようにして連絡を取りますか。

(A) Mr. Basil will visit Ms. Chen.
(B) Ms. Chen will visit Mr. Basil.
(C) Mr. Basil will call Ms. Chen.
(D) Ms. Chen will call Mr. Basil.

ROUND 3

① 最後に音声を聞きながら英文を読んでみましょう。
→音声が遅く感じる場合は、「速読用音声」に挑戦！（詳しくはp.9参照）。

ポイント：音声のスピードで読みながら、内容を理解できるかに挑戦！

② 次の質問に答えましょう。 解答 → p.201
ベイジルさんがチェンさんと打ち合わせしたいのは何曜日ですか。

解答のヒント ＊R1②、R2④、R3②の問題のヒントは以下の部分です。

AFC Animal Foods Co. Inc.
OFFICE MEMO

R3
Date: Tuesday, Sept. 9
R1 R2
To: Ms. Jane Chen, Marketing Dept.
R1 R2
5　**From:** Kevin Basil, Business Planning Dept.
Subject: Wentworth Pet Hospital

As you know, we have just met with the people from Wentworth Pet Hospital. They would like to try our company's pet foods for cats and dogs. This is a very
10　important business chance for us. If they are happy with our pet foods, other Wentworth Pet Hospitals may also use our pet foods. There are already five Wentworth Pet Hospitals, and they plan to open five more next year. I will talk to our factory manager about making more pet food
15　for Wentworth. But first, **R1** I want to hear your ideas about how the Marketing Dept. can help. **R2** I will call you later today. Let's talk about a time and place to meet. If it is

200

29 連絡票

```
         possible, I want to meet tomorrow morning.

         Kevin Basil
20       Business Planning Dept.
```

解答

ROUND 1. ○　**ROUND 2.** (C)
ROUND 3. 水曜日（＊ベイジルさんは最後の文で「明日の午前」に打ち合わせを希望していますが、この連絡票が書かれたのが火曜日なので、「明日」とは水曜日）

ROUND 2の選択肢の訳
(A)ベイジルさんがチェンさんを訪ねる。
(B)チェンさんがベイジルさんを訪ねる。
(C)ベイジルさんがチェンさんに電話する。
(D)チェンさんがベイジルさんに電話する。

訳　　　　　AFCアニマルフード社／社内連絡票

日付：9月9日（火）／**宛先**：マーケティング部　ジェーン・チェンさま
差出人：事業計画部　ケビン・ベイジル／**件名**：ウェントワース・ペット病院
ご存じの通り、私たちはウェントワース・ペット病院の方々と会ってきたところです。彼らは、わが社の猫用と犬用のペットフードを試したがっています。これはわれわれにとって非常に重要なビジネスチャンスです。もし彼らがうちのペットフードに満足したら、他の（系列の）ウェントワース・ペット病院もうちのペットフードを使うかもしれません。ウェントワース・ペット病院は既に5施設あり、来年さらに5施設が開院する予定です。私は、ウェントワース向けのペットフードを増産することについて、工場長と話すつもりです。ですが、まず、マーケティング部からどんな協力を得られそうか、あなたの考えを聞きたいと思います。今日、後ほどお電話します。打ち合わせをする時間と場所を相談しましょう。もしできれば、私は明日の午前に打ち合わせしたいと思っています。
ケビン・ベイジル／事業計画部

30 フォーム

語数：123
難易度：★★☆

今回は、記入式のフォーム（form）を読んでみましょう。
まず、何を記入するためのフォームかを押さえてから、各項目の内容と注意点を読み取ってください。

ROUND 1

①時間を計りながら、英文を読んでみましょう。かかった時間を下に書き留めてください。

⏱読むのにかかった時間：　　　分　　　秒

ポイント：約1分20秒で全て読めるか、挑戦してみよう！

Cape City Hotel Question Form

Please answer these questions about your stay at the Cape City Hotel. We are always trying to make the Cape City Hotel a better place. Your answers will help us make your next stay even better.

1. How was the room size?
    (Excellent)   Good   Poor
2. How was the bath and shower?
    Excellent   Good   (Poor)
3. How was your breakfast?

30 フォーム

<u>Excellent</u>　　Good　　Poor

4. How was the price of your room?

　　Excellent　　Good　　<u>Poor</u>

5. Would you like to come to the Cape City Hotel again?

　　Yes　　<u>No</u>

Thank you for taking the time to help us. Please leave the form on the writing desk in your room, or hand it to the person at the front desk.

②次の文が英文の内容と合っていれば○、違っていれば×をつけましょう。 解答→p.207

このフォームに記入した人はここにまた来たい。　　＿＿＿＿＿

ROUND 2

①次の英文に、意味の固まりごとにスラッシュを入れましょう。続いて、下の語注を参考にスラッシュごとの意味を考えてください。

3行目

We are always trying to make the Cape City Hotel a better place.

4行目

Your answers will help us make your next stay even better.

16行目

Please leave the form on the writing desk in your room, or hand it to the person at the front desk.

読み方のヒント

3行目のmake the Cape City Hotel a better placeのmake ~ ...は「~を…にする」の意味。~にthe Cape City Hotel（ケープシティ・ホテル）、…にa better place（より良い場）が入っています。5行目のmake your next stay even betterでもmake ~ ...が使われていて、~にyour next stay（次回のご宿泊）、…にeven better（さらに良い）が入っています。

語注

1 □ **form:** 用紙、記入用紙
2 □ **stay:** 宿泊
5 □ **help us make your next stay even better:** 次回のご宿泊をさらに良いものにするために役立たせる
6 □ **How was ~?:** ~はいかがでしたか。
7 □ **excellent:** 極めて良い
□ **poor:** 劣っている
14 □ **Would you like to ~（動詞の原形）?:** ~したいと思いますか。
16 □ **take the time:** わざわざ時間を割く
17 □ **writing desk:** 書き物机
18 □ **hand ~ to ...:** ~を…に渡す
□ **front desk:** （ホテルの）フロント

30 フォーム

② ①で自分が考えたスラッシュの位置と意味を、次と比べてみましょう。

We are always trying / to make the Cape City Hotel /
私どもは常に努めております　ケープシティ・ホテルを〜にしようと

a better place. /
より良い場。

Your answers　/　will help us　/　make your next stay /
お客さまのご回答は　私たちに役立ちます　次回のご宿泊を〜にするために

even better. /
さらに良いもの。

Please leave the form / on the writing desk / in your room, /
この用紙は置いておいてください　書き物机に　　　　　お部屋の、

or hand it　　/　　to the person / at the front desk. /
またはお渡しください　　人に　　　　フロントにいる。

③ 英文をもう一度読んで、かかった時間を下に書き留めてください。

　読むのにかかった時間：　　　　分　　　　秒

ポイント：ROUND 1 よりも短い時間で読めるかに挑戦！

④ 次の質問の答えを(A)〜(D)から選びましょう。　解答→p.207

このフォームに記入した人がとても満足しているのは、次のうちどれですか。

(A) A clean room
(B) A good price
(C) A large shower area
(D) A good meal

ROUND 3

① 最後に音声を聞きながら英文を読んでみましょう。

→音声が遅く感じる場合は、「速読用音声」に挑戦！（詳しくはp.9参照）。

ポイント：音声のスピードで読みながら、内容を理解できるかに挑戦！

② 次の質問に答えましょう。 解答 → p.207

このフォームはどうやって提出しますか。

解答のヒント ＊R1②、R2④、R3②の問題のヒントは以下の部分です。

Cape City Hotel Question Form

Please answer these questions about your stay at the Cape City Hotel. We are always trying to make the Cape City Hotel a better place. Your answers will help us make your next stay even better.

1. How was the room size?
   (Excellent)   Good   Poor

2. How was the bath and shower?
   Excellent   Good   (Poor)

3. How was your breakfast?
   (Excellent)   Good   Poor

4. How was the price of your room?
   Excellent   Good   (Poor)

5. Would you like to come to the Cape City Hotel again?
   Yes   (No)

Thank you for taking the time to help us. Please

30 フォーム

> leave the form on the writing desk in your room, or hand it to the person at the front desk.

解答

ROUND 1. ×　**ROUND 2.** (D)
ROUND 3. 部屋の書き物机に置いておくか、フロントの人に渡す
ROUND 2の選択肢の訳
(A) きれいな部屋　　　(B) 手ごろな値段
(C) 広いシャワーエリア　(D) おいしい食事

訳

　　　　　　　ケープシティ・ホテル　アンケートフォーム

ケープシティ・ホテルでのご宿泊に関する、以下の質問にお答えください。私どもはケープシティ・ホテルをより良い場にしようと常に努めております。お客さまのご回答は、次回のご宿泊をさらに良いものにするために役立てさせていただきます。

1. お部屋の広さはいかがでしたか。
　　　　　　○申し分ない　　　良い　　　　　　悪い
2. お風呂とシャワーはいかがでしたか。
　　　　　　申し分ない　　　良い　　　　　○悪い
3. 朝食はいかがでしたか。
　　　　　　○申し分ない　　　良い　　　　　　悪い
4. お部屋の料金はいかがでしたか。
　　　　　　申し分ない　　　良い　　　　　○悪い
5. ケープシティ・ホテルにまた来たいと思われますか。
　　　　　　はい　　　　　○いいえ

お時間を割いてご協力いただきまして、ありがとうございました。このフォームは、お部屋の書き物机に置いておくか、フロントの者にお渡しください。

31 メール

語数：155
難易度：★★★

今回は、メール (email) を読んでみましょう。
洋服メーカーの営業部員が、メールで売り上げを増やす方法を相談しています。メールで何を送ったか、また何を提案したかを読み取ってください。

ROUND 1

①時間を計りながら、英文を読んでみましょう。かかった時間を下に書き留めてください。

読むのにかかった時間：　　分　　　秒

ポイント：約1分30秒で全て読めるか、挑戦してみよう！

To: Cindy Miller <cmiller@emmxail.com>
From: Edward Martinez <emartinez@emmxail.com>
Subject: Sales Team Report

Thank you for coming to lunch with me last Wednesday. I was glad to learn that you are interested in my department's work. I know you worked here in the Sales Department for many years. I feel that I can learn a lot from you. I am sending you a report that my sales team put together. It is from our market study. We discovered that people who buy our company's clothes will pay higher prices. But we need to

31 メール

make some changes. Many people told us that they might pay 10 percent more if they could choose from more colors. If we produced more colors, then we could raise our prices. Also, if we put our clothes in more stores, more people would see them. What do you think? Please look at the report and tell me your ideas.

Thanks very much,

Edward Martinez

② 次の文が英文の内容と合っていれば○、違っていれば×をつけましょう。 解答→p.213

このメールでマルチネスさんは、報告書を送っている。

ROUND 2

①次の英文に、意味の固まりごとにスラッシュを入れましょう。続いて、下の語注を参考にスラッシュごとの意味を考えてください。

7行目

I am sending you a report that my sales team put together.

9行目

We discovered that people who buy our company's clothes will pay higher prices.

11行目

Many people told us that they might pay 10 percent more if they could choose from more colors.

語注

3 ☐ **sales:** 営業
 ☐ **report:** 報告書
5 ☐ **be glad to 〜(動詞の原形):** 〜してうれしい
 ☐ **be interested in 〜:** 〜に興味を持っている
 ☐ **department:** 部、課
7 ☐ **a lot:** たくさん
8 ☐ **a report that my sales team put together:** 私の営業チームがまとめた報告書 ★put together 〜で「〜をまとめる」

9 ☐ **market study:** 市場調査
 ☐ **people who buy our company's clothes:** わが社の服を買う人たち ★clothesは「服」
10 ☐ **pay higher prices:** もっと高い金額を払う
11 ☐ **make some changes:** 幾つかの変更を行う
 ☐ **might:** 〜してもよい
12 ☐ **choose from 〜:** 〜から選ぶ
13 ☐ **produce:** 〜を製造する
 ☐ **raise:** 〜を上げる

31 メール

② ①で自分が考えたスラッシュの位置と意味を、次と比べてみましょう。

I am sending you a report /
あなたに報告書をお送りします

that my sales team put together. /
私の営業チームがまとめた。

We discovered   /   that people / who buy our company's clothes /
われわれは分かりました　人たちは　　　　わが社の服を買う

will pay higher prices. /
もっと高い金額を払ってくれそうだ。

Many people told us   /   that they might pay /
多くの人たちがわれわれに言いました　代金を支払ってもいいと

10 percent more / if they could choose / from more colors. /
10パーセント多く　　もし彼らが選べるなら　　もっと多くの色から。

③ 英文をもう一度読んで、かかった時間を下に書き留めてください。

　　読むのにかかった時間：　　　分　　　秒

ポイント：**ROUND 1** よりも短い時間で読めるかに挑戦！

④ 次の質問の答えを(A)〜(D)から選びましょう。　解答 → p.213

ミラーさんはこの前の水曜日に何をしましたか。

(A) She had lunch with Mr. Martinez.
(B) She sent an email to Mr. Martinez.
(C) She talked about the prices of shirts.
(D) She became head of her department.

ROUND 3

① 最後に音声を聞きながら英文を読んでみましょう。
→音声が遅く感じる場合は、「速読用音声」に挑戦！ (詳しくはp.9参照)。

ポイント：音声のスピードで読みながら、内容を理解できるかに挑戦！

② 次の質問に答えましょう。 解答 → p.213

マルチネスさんが考えている二つの変更はどんなものですか。

解答のヒント　＊R1②、R2④、R3②の問題のヒントは以下の部分です。

> **To:** Cindy Miller <cmiller@emmxail.com>
> **From:** Edward Martinez <emartinez@emmxail.com>
> **Subject:** Sales Team Report
>
> **R2**
> Thank you for coming to lunch with me last Wednesday. I was glad to learn that you are interested in my department's work. I know you worked here in the Sales Department for many years. I feel that I can learn a lot from you. **R1** I am sending you a report that my sales team put together. It is from our market study. We discovered that people who buy our company's clothes will pay higher prices. But we need to make some changes. Many people told us that they might pay 10 percent more if they could choose from more colors. **R3** If we produced more colors, then we could raise our prices. **R3** Also, if we put our clothes in more stores, more people would see them. What do you think? Please look at the report and tell me your ideas.

31 メール

> Thanks very much,
>
> Edward Martinez

解答

ROUND 1. ○ **ROUND 2.** (A)

ROUND 3. もっと多くの色（の製品）を製造することと、もっと多くの店舗に服を置くこと

ROUND 2の選択肢の訳

(A)彼女はマルチネスさんと昼食を取った。
(B)彼女はマルチネスさんにメールを送った。
(C)彼女はシャツの値段を相談した。　(D)彼女は部の長になった。

訳

宛先：シンディ・ミラー<cmiller@emmxail.com>
送信者：エドワード・マルチネス<emartinez@emmxail.com>
件名：営業チーム報告書

この前の水曜日は昼食に付き合ってくださって、ありがとうございました。あなたが私の部署の仕事ぶりに興味を持っていると知って、うれしかったです。あなたがここの営業部で長年働いていたことは知っています。あなたから多くのことを教えていただけそうだと感じています。私の営業チームがまとめた報告書をあなたにお送りします。うちの市場調査からのものです。わが社の服を買う人たちは、もっと高い金額を払ってくれそうだということが、分かりました。しかし、幾つかの変更を行う必要があります。多くの人たちが、もっと多くの色から選べるなら、10パーセント高い代金を支払ってもいいと、われわれに言いました。もしもっと多くの色（の製品）を製造したら、値段を上げられるでしょう。また、もっと多くの店舗にわが社の服を置けば、より多くの人がそれを目にするでしょう。どう思われますか。どうか報告書を見て、考えを聞かせてください。よろしくお願いします。／エドワード・マルチネス

32
求人広告

今回は、求人広告を読んでみましょう。
募集されている職種、職務内容、応募方法などに注意しながら、内容を把握しましょう。résumé（履歴書）という単語も確認しておきましょう。

語数：156
難易度：★★★

ROUND 1

①時間を計りながら、英文を読んでみましょう。かかった時間を下に書き留めてください。

読むのにかかった時間：　　分　　秒

ポイント：約1分30秒で全て読めるか、挑戦してみよう！

CALL CENTER STAFF WANTED

Are you a "people person"? Then, Wilson Computer may have a job for you!

Wilson Computer Co. is looking for people who are good at helping others. To be a member of a great call center, helping others is the key. And we think the Wilson Computer Call Center is the best call center in the world! If you enjoy helping others, and you are good at working with people, then the Wilson Computer

32 求人広告

Call Center is the place for you. Of course, some of our customers are not happy, but don't worry. After your training, you will be able to make unhappy people happy again. Even if you have never worked at a call center before, we will train you. Since we work 24 hours a day, you can work during the day or at night.

If you think you can work for us, send your résumé to us at jobs-wilsoncompu@wilsoncomputer.com

②次の文が英文の内容と合っていれば○、違っていれば×をつけましょう。 解答→p.219

ウィルソン・コンピューター社では、話すのが得意な人を探している。

ROUND 2

①次の英文に、意味の固まりごとにスラッシュを入れましょう。続いて、下の語注を参考にスラッシュごとの意味を考えてください。

4行目

Wilson Computer Co. is looking for people who are good at helping others.

5行目

To be a member of a great call center, helping others is the key.

11行目

After your training, you will be able to make unhappy people happy again.

語注

1 □ **call center:** コールセンター、顧客電話窓口
　□ **staff:** スタッフ、社員
　□ **〜 wanted:**（求人広告で）〜募集
2 □ **people person:** 人の気持ちが分かる人
　□ **computer:** コンピューター
4 □ **Co.:** 会社　★=company
　□ **look for 〜:** 〜を探す・求める
　□ **people who are good at helping others:** 他の人を助けるのが得意な人　★be good at -ingで「〜するのが得意である」、helping othersで「他の人を助けること」
6 □ **key:** 鍵、重要なポイント
7 □ **best:** 一番良い

10 □ **place for 〜:** 〜にぴったりの場所
11 □ **customer:** 顧客
12 □ **training:** 訓練
　□ **be able to 〜（動詞の原形）:** 〜できる
　□ **make unhappy people happy again:** 不機嫌な人を再び上機嫌にする　★make 〜 ...は「〜を...にする」、unhappyは「不機嫌な」
13 □ **even if〜:** たとえ〜であっても
　□ **you have never worked at a call center before:** これまでコールセンターで働いたことがない
14 □ **train:** 〜を訓練する・養成する
　□ **24 hours a day:** 1日24時間
16 □ **résumé:** 履歴書

32 求人広告

② ①で自分が考えたスラッシュの位置と意味を、次と比べてみましょう。

Wilson Computer Co. / is looking for people /
ウィルソン・コンピューター社では　人を探しています

who are good at helping others. /
他の人を助けるのが得意な。

To be a member / of a great call center, / helping others /
一員であるためには　優秀なコールセンターの、　他の人を助けることが

is the key. /
鍵です。

After your training, / you will be able /
訓練後には、　　　　　　　あなたはできるようになります

to make unhappy people happy again. /
不機嫌な人を再び上機嫌にすることが。

③英文をもう一度読んで、かかった時間を下に書き留めてください。

読むのにかかった時間：　　　分　　　秒

ポイント：ROUND 1よりも短い時間で読めるかに挑戦！

④次の質問の答えを(A)〜(D)から選びましょう。 解答 → p.219

ウィルソン・コンピューターでは、スタッフに何が提供されますか。

(A) Job training
(B) High pay
(C) Vacation time
(D) A company car

ROUND 3

① 最後に音声を聞きながら英文を読んでみましょう。
→音声が遅く感じる場合は、「速読用音声」に挑戦！（詳しくはp.9参照）。

ポイント：音声のスピードで読みながら、内容を理解できるかに挑戦！

② 次の質問に答えましょう。 解答 → p.219
この求人広告に応募するにはどうしたらいいですか。

解答のヒント　＊R1②、R2④、R3②の問題のヒントは以下の部分です。

CALL CENTER STAFF WANTED

Are you a "people person"? Then, Wilson Computer may have a job for you!

R1
Wilson Computer Co. is looking for people who are good at helping others. To be a member of a great call center, helping others is the key. And we think the Wilson Computer Call Center is the best call center in the world! If you enjoy helping others, and you are good at working with people, then the Wilson Computer Call Center is the place for you. Of course, some of our customers are not happy, but don't worry. After your training, you will be able to make unhappy people happy again. Even if you have never worked at a call center before, **R2** we will train you. Since we work 24 hours a day, you can work during the day or at night.

32 求人広告

> R3
> If you think you can work for us, send your résumé to us at jobs-wilsoncompu@wilsoncomputer.com

解答

ROUND 1. ×　**ROUND 2.** (A)　**ROUND 3.** 履歴書をメールで送る

ROUND 2の選択肢の訳
(A)職業訓練　(B)高給　(C)休暇　(D)社用車

訳

コールセンタースタッフ募集

あなたは「人の気持ちが分かる人」ですか。では、ウィルソン・コンピューターには、あなた向きの仕事があるかもしれません！

ウィルソン・コンピューター社では、他の人を助けるのが得意な人を探しています。優秀なコールセンターの一員であるためには、他の人を助けることが鍵です。そして私たちは、ウィルソン・コンピューター・コールセンターは世界一のコールセンターだと思っています！　もしあなたが、他の人を助けるのが好きで、人と一緒に働くのが得意であるなら、ウィルソン・コンピューター・コールセンターはあなたにぴったりの場所です。もちろん、お客さまの中には不機嫌な方もいらっしゃいますが、心配は要りません。訓練後には、不機嫌な人を再び上機嫌にすることができるようになります。たとえこれまでコールセンターで働いたことがなくても、わが社があなたを訓練します。当社は1日24時間営業していますから、日中でも夜間でも仕事ができます。

わが社で働けそうだと思ったら、履歴書を弊社jobs-wilsoncompu@wilsoncomputer.comまでお送りください。

33 告知

語数：177
難易度：★★★

今回は、告知（notice）を読んでみましょう。
ある会社で、社内行事に関連して何かが行われると告知されています。何が行われるかや、読み手に何をするよう求めているかを押さえてください。

ROUND 1

①時間を計りながら、英文を読んでみましょう。かかった時間を下に書き留めてください。

⏱読むのにかかった時間：　　分　　秒

ポイント：約1分45秒で全て読めるか、挑戦してみよう！

Monday, June 5

NOTICE

There will be a welcome party in the company lunchroom on Friday. So the lunchroom will be closed on Thursday, June 8. We will be getting the room ready for the welcome party. At the party, we will welcome a new group of young people. They will be joining our company in July. About half of them have never seen our head office before. Each member of this group is still a student. They will be coming to visit us from all over the country. It can be hard leaving home to work in a new place. We do not want them to feel

33 告知

alone. So it is very important that we make them feel welcome. Though the lunchroom will be closed on Thursday, we are sure you will understand the importance of Friday's party. Of course, you are all invited to the party. If you would like to help prepare for the party, please call my department by Wednesday. Let's give our new members a warm welcome!

Patrick Wild
Human Resources Dept.

②**次の文が英文の内容と合っていれば○、違っていれば×をつけましょう。** 解答 → p.225

社員食堂が退職記念パーティーのため休みになる。　　＿＿＿＿＿

ROUND 2

①次の英文に、意味の固まりごとにスラッシュを入れましょう。続いて、下の語注を参考にスラッシュごとの意味を考えてください。

10行目

It can be hard leaving home to work in a new place.

13行目

Though the lunchroom will be closed on Thursday, we are sure you will understand the importance of Friday's party.

16行目

If you would like to help prepare for the party, please call my department by Wednesday.

語注

2 □ **notice:** お知らせ、告知
3 □ **welcome party:** 歓迎パーティー
　□ **lunchroom:**（会社などの）食堂
5 □ **get ～ ready for ...:** ～を…のために準備する
6 □ **welcome:** ～を迎える・歓迎する
7 □ **join our company:** 入社する
8 □ **have never seen ～:** ～を見たことがない　★seenはsee（～を見る）の過去分詞
　□ **head office:** 本社
10 □ **from all over the country:** 全国から
　□ **can:** ～する場合もある、～し得る

□ **leave home:** 実家を離れる
11 □ **feel alone:** 孤独を感じる、寂しい思いをする
12 □ **feel welcome:** 歓迎されていると感じる
14 □ **be sure ～:** きっと～だと思う
　□ **importance:** 重要性
16 □ **would like to ～（動詞の原形）:** ～したい
　□ **prepare for ～:** ～の準備をする
17 □ **department:** 部、課
　□ **give ～ a warm welcome:** ～を温かく歓迎する
20 □ **Human Resources Dept.:** 人事部

33 告知

② ①で自分が考えたスラッシュの位置と意味を、次と比べてみましょう。

It can be hard / leaving home / to work / in a new place. /
大変なことでもあります　実家を離れるのは　働くために　新しい場所で。

Though the lunchroom will be closed / on Thursday, /
食堂は休みになりますが　　　　　　　　　　　木曜日に、

we are sure / you will understand the importance /
きっと〜と思います　皆さんが重要性を理解すると

of Friday's party. /
金曜日のパーティーの。

If you would like to help / prepare for the party, /
もし手伝っていただけるなら　　パーティーを準備する、

please call my department / by Wednesday. /
どうぞ私の部署にお電話ください　水曜日までに。

③ 英文をもう一度読んで、かかった時間を下に書き留めてください。

　　読むのにかかった時間：　　　　分　　　秒

ポイント：ROUND 1 よりも短い時間で読めるかに挑戦！

④ 次の質問の答えを(A)〜(D)から選びましょう。　解答 → p.225

食堂が休みになるのはいつですか。

(A) On Monday
(B) On Tuesday
(C) On Thursday
(D) On Friday

ROUND 3

① 最後に音声を聞きながら英文を読んでみましょう。
→音声が遅く感じる場合は、「速読用音声」に挑戦！（詳しくはp.9参照）。

ポイント：音声のスピードで読みながら、内容を理解できるかに挑戦！

② 次の質問に答えましょう。 解答 → p.225

ワイルドさんは、パーティーを準備する手伝いをしてくれる人に、どこの部署に電話するように求めていますか。

解答のヒント　＊R1②、R2④、R3②の問題のヒントは以下の部分です。

Monday, June 5

NOTICE

R1 There will be a welcome party in the company lunchroom **R2** on Friday. So the lunchroom will be closed on Thursday, June 8. We will be getting the room ready for the welcome party. At the party, we will welcome a new group of young people. They will be joining our company in July. About half of them have never seen our head office before. Each member of this group is still a student. They will be coming to visit us from all over the country. It can be hard leaving home to work in a new place. We do not want them to feel alone. So it is very important that we make them feel welcome. Though the lunchroom will be closed on Thursday, we are sure you will understand the importance of Friday's party. Of course, you are all invited to the party. **R3** If you would like to help prepare for the party, please call my department by Wednesday. Let's give our new members

33 告知

```
       a warm welcome!

       Patrick Wild
20     Human Resources Dept.
```

解答

ROUND 1. × **ROUND 2.** (C)
ROUND 3. 人事部（＊「私の部署にお電話ください」と書かれてありますが、英文の最後の部分からワイルドさんの部署は「人事部」であると分かります）

ROUND 2の選択肢の訳
(A)月曜日に　(B)火曜日に　(C)木曜日に　(D)金曜日に

訳

6月5日（月）

お知らせ

金曜日に社員食堂で歓迎パーティーがあります。このため、6月8日（木）は食堂が休みとなります。歓迎パーティーに向けて食堂の準備をすることになるからです。パーティーでは、若い新人たちの一団を迎えます。彼らは7月に入社予定です。彼らの約半数は、これまでにわが社の本社を見たことがありません。この一団の一人一人はまだ学生です。彼らは全国から訪ねてくる予定です。新しい場所で働くため実家を離れるのは、大変なことでもあります。われわれは彼らに寂しい思いをさせたくありません。ですから、彼らに歓迎されていると感じてもらうことはとても重要です。食堂は木曜日に休みになりますが、きっと皆さんには金曜日のパーティーの重要性を理解していただけるものと思います。もちろん、皆さん全員がパーティーに招待されています。もしパーティーの準備を手伝っていただけるなら、水曜日までにどうぞ私の部署にお電話ください。わが社の新入社員たちを温かく歓迎しましょう！

パトリック・ワイルド

人事部

34 見積もり

今回は、見積もり (estimate) を読んでみましょう。
まず、タイトルから何の見積もりかを押さえ、その後で見積価格や注意事項などにも目を通しましょう。

語数：167
難易度：★★☆

ROUND 1

①時間を計りながら、英文を読んでみましょう。かかった時間を下に書き留めてください。

⏱読むのにかかった時間：　　分　　秒

ポイント：約1分40秒で全て読めるか、挑戦してみよう！

BEST CLEANERS INC.

COST ESTIMATE for CLEANING SERVICES

2432 Willow Street, Tyler City

Thank you for telling us about your home. Based on this, we have made an estimate of several types of cleaning jobs. If you would like us to clean your home, please call to set up a time and date.

Full House Cleaning: $475

Floors and Windows Only: $275

Kitchen: $250

34 見積もり

Bathroom: $200

This COST ESTIMATE covers all work to clean the house at 2432 Willow Street, Tyler City. The house will be cleaned by a Clean Team, and the job will begin when the team arrives at the house. Based on the size of the house, we think the Full House Cleaning job will take four hours. The team will clean all rooms. For Floors and Windows Only, the job will take about two hours. For Bathroom and Kitchen, the job will take about one and a half hours. The team will only clean spaces inside the house. They will not work outside.

②次の文が英文の内容と合っていれば○、違っていれば×をつけましょう。 解答 → p.231

この会社に掃除をしてもらうには、メールで連絡する。 ＿＿＿＿＿

ROUND 2

①次の英文に、意味の固まりごとにスラッシュを入れましょう。続いて、下の語注を参考にスラッシュごとの意味を考えてください。

4行目

Based on this, we have made an estimate of several types of cleaning jobs.

12行目

This COST ESTIMATE covers all work to clean the house at 2432 Willow Street, Tyler City.

13行目

The house will be cleaned by a Clean Team, and the job will begin when the team arrives at the house.

語注

1 □ **cleaner:** 掃除業者、掃除人
　□ **Inc.:** 株式会社
　★= Incorporated
2 □ **cost:** 費用
　□ **estimate:** 見積もり
　□ **cleaning:** 掃除
　□ **service:** サービス
4 □ **based on 〜:** 〜に基づいて

6 □ **would like 〜 to ...（動詞の原形）:** 〜に…してもらいたい
7 □ **set up 〜:** 〜を設定する
12 □ **cover:** 〜に適用される
17 □ **take:**（時間が）〜かかる
21 □ **inside:** 〜の中で
22 □ **outside:** 野外で

34 見積もり

② ①で自分が考えたスラッシュの位置と意味を、次と比べてみましょう。

Based on this, / we have made an estimate / of several types /
これに基づいて、　　われわれは見積もりを作成しました　　何タイプかの

of cleaning jobs. /
掃除作業の。

This COST ESTIMATE covers / all work /
この「料金見積もり」は適用されます　　　全ての作業に

to clean the house / at 2432 Willow Street, Tyler City. /
お宅を掃除する　　　　　タイラー市ウィロー通り2432にある。

The house will be cleaned / by a Clean Team, /
家は掃除されます　　　　　　　　掃除チームにより、

and the job will begin / when the team arrives /
そして作業は開始します　　　チームが到着した時に

at the house. /
お宅に。

③ 英文をもう一度読んで、かかった時間を下に書き留めてください。

⏱読むのにかかった時間：　　分　　　秒

ポイント：ROUND 1よりも短い時間で読めるかに挑戦！

④ 次の質問の答えを(A)〜(D)から選びましょう。 解答 → p.231

この会社が掃除しないのはどこですか。

(A) Windows
(B) Kitchen
(C) Bathroom
(D) Outside

ROUND 3

① **最後に音声を聞きながら英文を読んでみましょう。**
  →音声が遅く感じる場合は、「速読用音声」に挑戦！（詳しくはp.9参照）。

ポイント：音声のスピードで読みながら、内容を理解できるかに挑戦！

② **次の質問に答えましょう。** 解答 → p.231

台所を掃除してもらうといくらかかりますか。

解答のヒント　＊R1②、R2④、R3②の問題のヒントは以下の部分です。

> **BEST CLEANERS INC.**
>
> **COST ESTIMATE for CLEANING SERVICES**
>
> 2432 Willow Street, Tyler City
>
> Thank you for telling us about your home. Based on this, we have made an estimate of several types of cleaning jobs. **R1** If you would like us to clean your home, please call to set up a time and date.
>
> Full House Cleaning: $475
> Floors and Windows Only: $275
> **R3** Kitchen: $250
> Bathroom: $200
>
> This COST ESTIMATE covers all work to clean the house at 2432 Willow Street, Tyler City. The house will be cleaned by a Clean Team, and the job will begin when the team arrives at the house. Based on the size of the house, we think the Full House

34 見積もり

> Cleaning job will take four hours. The team will clean all rooms. For Floors and Windows Only, the job will take about two hours. For Bathroom and Kitchen, the job will take about one and a half hours. The team will only clean spaces inside the house. They will not work outside.

解答

ROUND 1. ×　**ROUND 2.** (D)　**ROUND 3.** 250ドル

ROUND 2の選択肢の訳
(A)窓　(B)台所　(C)バスルーム　(D)屋外

訳

ベスト・クリーナーズ社
お掃除サービス料金お見積もり
タイラー市ウィロー通り2432

ご自宅の様子を教えていただき、ありがとうございました。これに基づいて、何タイプかの掃除作業の見積もりを作成しました。わが社にご自宅のお掃除をご希望する場合は、日時設定のためにお電話を下さい。

家屋全体のお掃除：475ドル
床と窓のみ：275ドル
台所：250ドル
バスルーム：200ドル

この「料金見積もり」は、タイラー市ウィロー通り2432のお宅を掃除する全ての作業に適用されます。家は掃除チームにより清掃され、作業はチームがお宅に到着した時に開始します。家の大きさに基づき、家屋全体のお掃除には4時間かかると考えています。チームが全てのお部屋を掃除します。床と窓のみですと、作業には2時間ほどかかるでしょう。バスルームと台所ですと、作業には1時間半ほどかかるでしょう。チームは家の中のスペースのみをお掃除します。屋外では作業いたしません。

35 スケジュール表

語数：194
難易度：★★☆

今回は、スケジュール表（agenda）を読んでみましょう。
タイトル部分で何のスケジュール表かを確認してから、各項目の内容を読み取ってください。最後に注意書きの部分にも目を通しましょう。

ROUND 1

①時間を計りながら、英文を読んでみましょう。かかった時間を下に書き留めてください。

⏱読むのにかかった時間：　　分　　秒

ポイント：約2分で全て読めるか、挑戦してみよう！

Meeting Agenda

Reflexik Car Parts Co. Inc.

and

Reginald Motors Corp.

Friday, October 14

Agenda

1) **Opening talk by Reginald Motors Corp. Vice President Stephen Sash:** Mr. Sash will welcome everyone and introduce the speakers. (10 minutes)

2) **Talk by Reflexik Car Parts Co. President Susan Warman:** Ms. Warman will talk about the car parts business.

35 スケジュール表

(40 minutes)

3) Talk by Reginald Motors Corp. President Gabriel Wilson: Mr. Wilson will talk about his company's plans for working with Reflexik. (40 minutes)

Break for lunch (noon to 1:00 p.m.)

4) Team Work: Everyone will form teams. Each team will have members from both companies. Each team will be given a list of questions. They will work together to find answers. (60 minutes)

5) Close: Mr. Sash and Ms. Warman will ask each team to give its answers. These answers will be used to plan next month's meeting. (90 minutes)

Note: The meeting will begin at 10:30 a.m. There will be coffee, tea and light food in the meeting room, but no meals. We hope to end the meeting by 3:30 p.m., but will be able to use the meeting room until 4:00 p.m., if necessary.

②次の文が英文の内容と合っていれば○、違っていれば×をつけましょう。 解答→p.237

会議ではレジナルド・モーターズのサッシュ副社長が3番目に話す。

ROUND 2

①次の英文に、意味の固まりごとにスラッシュを入れましょう。続いて、下の語注を参考にスラッシュごとの意味を考えてください。

14行目

Mr. Wilson will talk about his company's plans for working with Reflexik.

24行目

There will be coffee, tea and light food in the meeting room, but no meals.

26行目

We hope to end the meeting by 3:30 p.m., but will be able to use the meeting room until 4:00 p.m., if necessary.

語注
1 □ **agenda:** 議事日程（表）、スケジュール（表）
2 □ **car part:** 自動車部品
　□ **Co.:** 会社　★=Company
　□ **Inc.:** 株式会社
　　★= Incorporated
4 □ **motor:** モーター、（古語で）自動車
　□ **Corp.:** 株式会社
　　★=Corporation
7 □ **opening:** 開会の
　□ **talk:** 講演
　□ **vice president:** 副社長
9 □ **introduce:** 〜を紹介する

　□ **speaker:** 講演者
15 □ **work with 〜:** 〜と提携する
16 □ **break:** 休憩
　□ **noon:** 正午
17 □ **form:** 〜を作る
19 □ **given:** give（〜を与える）の過去分詞
　□ **work together:** 協力する
22 □ **plan:** 〜を計画する
25 □ **light food:** 軽い食べ物
　□ **meal:** 食事
26 □ **be able to 〜（動詞の原形）:** 〜できる
27 □ **if necessary:** 必要ならば

35 スケジュール表

② ①で自分が考えたスラッシュの位置と意味を、次と比べてみましょう。

Mr. Wilson will talk　/　about his company's plans /
ウィルソン社長は講演します　　自社の計画について

for working / with Reflexik. /
仕事に関する　　リフレクシク社との

There will be / coffee, tea and light food / in the meeting room, /
ある予定です　　コーヒー、紅茶、軽い食べ物が　　会議室には、

but no meals. /
しかし食事はありません。

We hope to end the meeting　/　by 3:30 p.m., /
会議を終わらせたいと思っています　　午後3時30分までに

but will be able / to use the meeting room / until 4:00 p.m., /
しかしできます　　会議室を使うことが　　　　午後4時まで、

if necessary. /
必要ならば。

③英文をもう一度読んで、かかった時間を下に書き留めてください。

　　読むのにかかった時間：　　　　分　　　秒

ポイント：**ROUND 1**よりも短い時間で読めるかに挑戦！

④次の質問の答えを(A)〜(D)から選びましょう。 解答 → p.237

サッシュ副社長とウォーマン社長は2人でどんなことをしますか。

(A) Welcoming everyone
(B) Asking each team to give its answers
(C) Talking about the car parts business
(D) Working together to find answers

ROUND 3

① **最後に音声を聞きながら英文を読んでみましょう。**
→音声が遅く感じる場合は、「速読用音声」に挑戦！（詳しくはp.9参照）。

ポイント：音声のスピードで読みながら、内容を理解できるかに挑戦！

② **次の質問に答えましょう。** 解答 → p.237

ウォーマン社長は最初、何時に講演する予定ですか。

解答のヒント　＊R1②、R2④、R3②の問題のヒントは以下の部分です。

> **Meeting Agenda**
> **Reflexik Car Parts Co. Inc.**
> *and*
> **Reginald Motors Corp.**
>
> 5　　　　*Friday, October 14*
>
> Agenda
>
> **1) Opening talk by Reginald Motors Corp. Vice President Stephen Sash:** Mr. Sash will welcome everyone and introduce the speakers. **(10 minutes)**
>
> 10　**2) Talk by Reflexik Car Parts Co. President Susan Warman:** Ms. Warman will talk about the car parts business. (40 minutes)
>
> **3) Talk by Reginald Motors Corp. President Gabriel Wilson:** Mr. Wilson will talk about his company's plans for
>
> 15　working with Reflexik. (40 minutes)
>
> Break for lunch (noon to 1:00 p.m.)

35 スケジュール表

> 4) **Team Work:** Everyone will form teams. Each team will have members from both companies. Each team will be given a list of questions. They will work together to find answers. (60 minutes)
>
> 5) **Close:** Mr. Sash and Ms. Warman will ask each team to give its answers. These answers will be used to plan next month's meeting. (90 minutes)
>
> **Note:** The meeting will begin at 10:30 a.m. There will be coffee, tea and light food in the meeting room, but no meals. We hope to end the meeting by 3:30 p.m., but will be able to use the meeting room until 4:00 p.m., if necessary.

解答

ROUND 1. ×   **ROUND 2.** (B)
ROUND 3. 午前10時40分（＊Noteに「会議は午前10時30分に開始する予定」とあり、最初の開会の辞が「10分間」の予定なので、2番目のウォーマン社長の講演は午前10時40分に始まると考えられます）

ROUND 2の選択肢の訳

(A) 全員を歓迎する　(B) 各チームに答えの提示を求める
(C) 自動車部品ビジネスについて講演する　(D) 協力して答えを探す

訳

議事日程
リフレクシク自動車部品社
ならびに
レジナルド・モーターズ社
10月14日（金）

議事

1) レジナルド・モーターズ社スティーブン・サッシュ副社長による開会の辞：サッシュ副社長が全員を歓迎し、講演者を紹介します。(10分間)
2) リフレクシク自動車部品社スーザン・ウォーマン社長による講演：ウォーマン社長が自動車部品ビジネスについて講演します。(40分間)
3) レジナルド・モーターズ社ガブリエル・ウィルソン社長による講演：ウィルソン社長が、リフレクシク社との提携に関する自社の計画について、講演します。(40分間)

昼食休憩（正午から午後1時まで）

4) チーム作業：全員でチームを作ります。それぞれのチームに両社からメンバーが入ります。各チームに質問リストが配られます。メンバーが協力して答えを探します。(60分間)
5) 閉会：サッシュ副社長とウォーマン社長が、各チームに答えの提示を求めます。これらの答えは来月の会議を計画するために活用されます。(90分間)

注：会議は午前10時30分に開始する予定です。会議室にはコーヒー、紅茶、軽い食べ物がある予定ですが、食事はありません。午後3時30分までに会議を終わらせたいと思っていますが、必要ならば会議室は午後4時まで使うことができます。

35 スケジュール表

36 取扱説明書

語数：155
難易度：★★★

最後に、取扱説明書を読んでみましょう。
コンクリートの使用方法が書かれています。正しい使い方と、してはいけないことを読み取ってください。

ROUND 1

①時間を計りながら、英文を読んでみましょう。かかった時間を下に書き留めてください。

読むのにかかった時間：　　　分　　　秒

ポイント：約1分30秒で全て読めるか、挑戦してみよう！

How to Use ToughMix Concrete

ToughMix Concrete is sold in 10-pound, 20-pound and 40-pound bags. Using it is easy. Just follow these simple steps.

1. The area where you want to use the ToughMix Concrete must be prepared. Concrete needs a clean bed, so take out any plants from the ground.

2. Choose enough ToughMix Concrete for the job. If

you are not sure how much ToughMix Concrete you need, see the "Job Notes" below, or visit us at www.toughmixconcrete.com

3. Add cold water. The ToughMix Concrete should be about as thick as milk shake. Do not add too much water. This will make the finished ToughMix Concrete weaker. See the "Job Notes" for how much water is needed.

4. Place the ToughMix Concrete and shape it. To stop it from drying too quickly, keep it covered for at least 48 hours. The longer the ToughMix Concrete is kept wet, the stronger it will be.

②次の文が英文の内容と合っていれば○、違っていれば×をつけましょう。 解答→p.245

このコンクリートを使用するには、作業に十分な量を選ぶ必要がある。

ROUND 2

①次の英文に、意味の固まりごとにスラッシュを入れましょう。続いて、下の語注を参考にスラッシュごとの意味を考えてください。

5行目

The area where you want to use the ToughMix Concrete must be prepared.

8行目

If you are not sure how much ToughMix Concrete you need, see the "Job Notes" below, or visit us at www.toughmixconcrete.com

17行目

To stop it from drying too quickly, keep it covered for at least 48 hours.

語注

1 □ **how to use ~:** ～の使用法
　□ **concrete:** コンクリート
2 □ **pound:** ポンド　★1ポンドは約454グラム
3 □ **follow:** ～（手順など）に従う
4 □ **step:** 手順
5 □ **the area where you want to use the ToughMix Concrete:** タフミックス・コンクリートを使いたい場所　★areaは「場所」
7 □ **bed:** 土台
　□ **take out ~ from ...:** ～を…から取り除く
8 □ **enough:** 十分な

9 □ **be not sure:** よく分からない
　□ **how much ToughMix Concrete you need:** どれぐらいのタフミックス・コンクリートが必要か
10 □ **below:** 下の、後に書かれた
　□ **visit:** ～（ホームページなど）にアクセスする
12 □ **add:** ～を加える
13 □ **thick:** (液体が) 濃い
　□ **milk shake:** ミルクセーキ
14 □ **finished:** 完成後の
15 □ **how much water is needed:** どれぐらいの水が必要か

（語注はp.246に続く）

36 取扱説明書

② ①で自分が考えたスラッシュの位置と意味を、次と比べてみましょう。

The area / where you want / to use the ToughMix Concrete /
場所が　　あなたが望む　　　　タフミックス・コンクリートを使うことを

must be prepared. /
準備されていなければなりません。

If you are not sure / how much ToughMix Concrete / you need, /
もしよく分からない場合は　どれぐらいのタフミックス・コンクリートが　必要か、

see the "Job Notes" / below, / or visit us /
「作業ノート」をご覧ください　後ろにある、またはアクセスしてください

at www.toughmixconcrete.com /
www.toughmixconcrete.comに。

To stop it from drying / too quickly, / keep it covered /
それが乾くのを防ぐために　　早過ぎる、　　　覆っておいてください

for at least 48 hours. /
少なくとも48時間。

③ 英文をもう一度読んで、かかった時間を下に書き留めてください。

　⏱読むのにかかった時間：　　　分　　　秒

　ポイント：**ROUND 1**よりも短い時間で読めるかに挑戦！

④ 次の質問の答えを(A)〜(D)から選びましょう。　解答 → p.245

　水を加える時に、どうするように書かれていますか。

(A) Keep it covered for at least 48 hours.

(B) Dry quickly.

(C) Add hot water.

(D) Do not add too much water.

ROUND 3

① 最後に音声を聞きながら英文を読んでみましょう。

→音声が遅く感じる場合は、「速読用音声」に挑戦！（詳しくはp.9参照）。

ポイント：音声のスピードで読みながら、内容を理解できるかに挑戦！

② 次の質問に答えましょう。 解答 → p.245

Job Notes（作業ノート）を見ると、何と何が分かりますか。

解答のヒント ＊R1②、R2④、R3②の問題のヒントは以下の部分です。

How to Use ToughMix Concrete

ToughMix Concrete is sold in 10-pound, 20-pound and 40-pound bags. Using it is easy. Just follow these simple steps.

1. The area where you want to use the ToughMix Concrete must be prepared. Concrete needs a clean bed, so take out any plants from the ground.

2. Choose enough ToughMix Concrete for the job. If you are not sure how much ToughMix Concrete you need, see the "Job Notes" below, or visit us at www.toughmixconcrete.com

3. Add cold water. The ToughMix Concrete should be about as thick as milk shake. Do not add too much water. This will make the finished ToughMix

36 取扱説明書

> 15　　　Concrete weaker. See the "Job Notes" for how much water is needed.
>
> 　　　4. Place the ToughMix Concrete and shape it. To stop it from drying too quickly, keep it covered for at least 48 hours. The longer the ToughMix
> 20　　　Concrete is kept wet, the stronger it will be.

解答

ROUND 1. ○　**ROUND 2.** (D)
ROUND 3. どれぐらいのタフミックス・コンクリートが必要かと、どれぐらいの水が必要か

ROUND 2の選択肢の訳
(A)少なくとも48時間それを覆っておく。　(B)早く乾かす。
(C)温水を加える。　(D)水をたくさん入れ過ぎない。

訳

タフミックス・コンクリート使用法

タフミックス・コンクリートは10ポンド、20ポンド、40ポンド入りの袋で販売されています。使い方は簡単。以下の簡単な手順に従うだけです。

1. タフミックス・コンクリートを使いたい場所が準備されていなければなりません。コンクリートにはきれいな土台が必要なので、植物を地面から取り除いてください。
2. 作業に十分な量のタフミックス・コンクリートを選んでください。もしどれぐらいのタフミックス・コンクリートが必要かよく分からない場合は、後ろにある「作業ノート」をご覧になるか、当社のwww.toughmixconcrete.comにアクセスしてください。
3. 冷水を加えてください。タフミックス・コンクリートはミルクセーキ

ぐらいの濃さにしましょう。水を多く入れ過ぎてはいけません。そうすると完成後のタフミックス・コンクリートが弱くなってしまいます。どれぐらいの水が必要かは、「作業ノート」をご覧ください。
4. タフミックス・コンクリートを流し込んで、成形してください。早く乾き過ぎるのを防ぐために、少なくとも48時間、それを覆っておいてください。タフミックス・コンクリートが水分を含んでいる時間が長いほど、より強固になります。

語注
17☐ **place:** 〜を置く
　☐ **shape:** 〜を成形する
18☐ **stop it from drying too quickly:** 早く乾き過ぎるのを防ぐ　★stop 〜 from -ingで「〜が…するのを防ぐ」
　☐ **keep it covered:** それを覆っておく　★keep 〜 …で「〜を…（の状態）にしておく」
19☐ **at least:** 少なくとも
　☐ **the longer 〜, the stronger …:** 長く〜すればするほど、より強く…
20☐ **kept:** keep（〜にしておく）の過去分詞

36 取扱説明書

ファイナルテスト

学習の仕上げに、テストに挑戦してみましょう。これまで学んだ成果を試すつもりで取り組んでください。
この英文は、最初に挑戦した「プライマリーテスト」(p.10) とほぼ同じ難易度です。最後に「記録欄」の結果を比較して、力の伸びを確認してください。

[物語] お金では買えない

語数：204
難易度：★★☆

一生懸命働いて金持ちになったある男性が、
引退しようとした時に現れたのは誰だったのでしょうか。

挑戦してみよう

①時間を計りながら英文を読んで、かかった時間をp.250の「記録欄」に書き留めてください。続いてp.250の問題に答えましょう。余裕のある人は音声も聞いてください。

John was not born a rich man. But he worked hard and saved a lot of money. Then he decided to stop working, slow down and live an easy life. He could do that because he had so much money.

But when he decided to do that, the angel of death came to him. John wasn't ready to die. So he asked the angel if he could buy some more time.

The angel said, "No. It is your time. Let's go."

The rich man said, "Please, just give me one hour. I

ファイナルテスト

want to see the beautiful earth. I want to smell some flowers and look at the clear blue sky. I want to say goodbye to my family and friends."

The angel said, "No. It is your time. Let's go."

At last, the rich man said, "Please just give me one minute. I want to write a goodbye note."

The angel said, "All right. You may have one more minute."

John wrote, "Live your life right. Money will never make you happy. Listen to your heart and be wise about how you spend your time. Every minute of your life is important."

And the angel said, "My time is important, too. Let's go!"

②**次の問題の答えを(A)～(D)から選んでください。**

男性は何をする時間をもらいましたか。

(A) Living an easy life
(B) Seeing the beautiful earth
(C) Saying goodbye to his family and friends
(D) Writing a goodbye note

記録欄

①と②の結果を記録しておきましょう。

① ⏱読むのにかかった時間：　　分　　秒

② 解答結果(どちらかに○)：(正解・不正解)

→「プライマリーテスト」(p.10) の結果と今回の結果を比較して、力が伸びていましたか。

ファイナルテスト

訳 ＊解答のヒントは以下の下線の部分です。

　ジョンは生まれつき金持ちではありませんでした。でも、一生懸命働いて、たくさんのお金をためました。それで彼は働くのをやめて、のんびりと悠々自適に暮らすことにしました。お金がたっぷりあったので、それができたのです。

　ところが、彼がそうしようと決めた時、彼の元に死の天使が訪れました。ジョンには死ぬ準備ができていませんでした。そこで彼は天使に、お金を払って時間を増やせるかどうか尋ねました。

　天使は言いました、「だめだ。もう時間だよ。さあ行こう」。

　金持ちの男性は言いました、「お願いです、1時間だけ下さい。美しい地球を見たいのです。花の香りをかぎ、澄んだ青空を眺めたいのです。家族や友達にお別れを言いたいのです」。

　天使は言いました、「だめだ。時間だよ。さあ行こう」。

　最後に、金持ちの男性は言いました、②「お願いですから1分だけ下さい。お別れの手紙を書きたいのです」。

　天使は言いました、「よろしい。あなたにあと1分あげよう」。

　ジョンは書きました、「正しい生き方をしなさい。お金は決してあなたを幸せにしてくれません。自分の心に耳を傾けて、賢く時間を使いなさい。人生の1分1分が大切です」。

　すると天使は言いました、「私の時間も大切なんだよ。さあ行こう！」。

語注

1 □ **be born ～:** ～で生まれる、生まれつき～
2 □ **save:** ～を蓄える
3 □ **slow down:** のんびりする
　□ **live an easy life:** 気楽な生活を送る、悠々自適に暮らす
5 □ **the angel of death:** (人の魂を天国に連れて行く)死の天使 ★angelは「天使」、deathは「死」
6 □ **be ready to ～ (動詞の原形):** ～する準備ができている
8 □ **It is your time.:** もう時間だよ。あなたの時間はこれまでだ。
10 □ **earth:** 地球
　□ **smell:** ～の香りをかぐ
11 □ **clear:** 澄んだ
14 □ **at last:** 最後に
15 □ **note:** (短い)手紙
16 □ **All right.:** よろしい。分かった。
18 □ **right:** 正しく
19 □ **make you happy:** あなたを幸せにする
　□ **heart:** 心
　□ **wise:** 賢い
20 □ **how you spend your time:** 自分の時間をどう使うか
　□ **every minute of ～:** ～の1分1分、～の全て

②の解答のヒント　＊解答のヒントは以下の下線の部分です。

　　　John was not born a rich man. But he worked hard and saved a lot of money. Then he decided to stop working, slow down and live an easy life. He could do that because he had so much money.
5　　But when he decided to do that, the angel of death came to him. John wasn't ready to die. So he asked the angel if he could buy some more time.
　　　The angel said, "No. It is your time. Let's go."
　　　The rich man said, "Please, just give me one hour. I
10 want to see the beautiful earth. I want to smell some flowers and look at the clear blue sky. I want to say goodbye to my family and friends."
　　　The angel said, "No. It is your time. Let's go."
　　　At last, the rich man said, ②"Please just give me one
15 minute. I want to write a goodbye note."
　　　The angel said, "All right. You may have one more minute."
　　　John wrote, "Live your life right. Money will never make you happy. Listen to your heart and be wise about
20 how you spend your time. Every minute of your life is important."
　　　And the angel said, "My time is important, too. Let's go!"

②の解答

(D)

選択肢の訳　(A) 悠々自適に暮らすこと　(B) 美しい地球を見ること
(C) 家族や友達にお別れを言うこと　　(D) お別れの手紙を書くこと

LEVEL 1
全単語リスト

**本書の英文はアルクが編集した「標準語彙水準12000」
(Standard Vocabulary List：略称 SVL12000)* の
LEVEL 1（入門レベルの1000語）をベースに書かれています。
ここではその全単語をアルファベット順に掲載します。**

---

*「標準語彙水準SVL 12000」は日本人の英語学習者にとって有用な英単語1万2000語を選び出し、基礎から上級へと12のレベルに区分した語彙リストです。

A-C

A
- a
- able
- about
- above
- across
- act
- afraid
- after
- afternoon
- again
- against
- age
- ago
- air
- airplane
- airport
- album
- all
- almost
- alone
- along
- already
- also
- always
- am
- among
- an
- and
- angry
- animal
- another
- answer
- any
- anybody
- anyone
- anything
- apartment
- apple
- April
- are
- arm
- around
- arrive
- art
- artist
- as
- ask
- at
- attack
- August
- aunt
- autumn
- away

B
- baby
- back
- bad
- bag
- bake
- baker
- ball
- banana
- bank
- baseball
- basket
- basketball
- bat
- bath
- bathroom
- be
- beautiful
- because
- become
- bed
- bedroom
- beef
- been
- before
- begin
- beginning
- behind
- believe
- bell
- below
- bench
- beside
- best
- better
- between
- bicycle
- big
- bike
- bird
- birthday
- black
- blackboard
- blow
- blue
- boat
- body
- book
- boot
- born
- both
- bottle
- box
- boy
- bread
- break
- breakfast
- bridge
- bring
- brother
- brown
- build
- building
- bus
- business
- busy
- but
- butter
- buy
- by
- bye

C
- cafe
- cake
- calendar
- call
- camera
- camp
- can
- candy
- cap
- captain
- car
- card
- careful
- carry
- case
- cat
- catch
- center
- certain
- chair
- chalk
- chance
- change
- cheap
- cheese
- chicken
- chief
- child
- children
- chocolate
- choose
- Christmas
- church
- circle
- city
- class
- classmate
- classroom
- clean
- clear
- clever
- climb
- clock
- close
- clothes
- cloud

C-G

- [ ] cloudy
- [ ] club
- [ ] coat
- [ ] coffee
- [ ] cold
- [ ] college
- [ ] color
- [ ] come
- [ ] company
- [ ] cook
- [ ] cookie
- [ ] cool
- [ ] corner
- [ ] could
- [ ] count
- [ ] country
- [ ] cover
- [ ] cow
- [ ] cry
- [ ] cup
- [ ] cut

D
- [ ] dad
- [ ] daddy
- [ ] dance
- [ ] dangerous
- [ ] dark
- [ ] date
- [ ] daughter
- [ ] day
- [ ] dead
- [ ] dear
- [ ] death
- [ ] December
- [ ] decide
- [ ] deep
- [ ] delicious
- [ ] department
- [ ] desk
- [ ] diary
- [ ] dictionary
- [ ] did
- [ ] die
- [ ] different
- [ ] difficult
- [ ] dinner
- [ ] dirty
- [ ] discover
- [ ] dish
- [ ] do
- [ ] doctor
- [ ] does
- [ ] dog
- [ ] doll
- [ ] dollar
- [ ] door
- [ ] down
- [ ] draw
- [ ] dream
- [ ] dress
- [ ] drink
- [ ] drive
- [ ] driver
- [ ] drop
- [ ] dry
- [ ] during

E
- [ ] each
- [ ] ear
- [ ] early
- [ ] earth
- [ ] east
- [ ] easy
- [ ] eat
- [ ] egg
- [ ] eight
- [ ] eighteen
- [ ] eighty
- [ ] either
- [ ] elephant
- [ ] eleven
- [ ] else
- [ ] end
- [ ] enjoy
- [ ] enough
- [ ] enter
- [ ] even
- [ ] evening
- [ ] ever
- [ ] every
- [ ] everybody
- [ ] everyone
- [ ] everything
- [ ] everywhere
- [ ] excuse
- [ ] eye

F
- [ ] face
- [ ] fact
- [ ] factory
- [ ] fall
- [ ] family
- [ ] famous
- [ ] far
- [ ] farm
- [ ] farmer
- [ ] fast
- [ ] fat
- [ ] father
- [ ] February
- [ ] feel
- [ ] feeling
- [ ] few
- [ ] field
- [ ] fifteen
- [ ] fifty
- [ ] fight
- [ ] film
- [ ] find
- [ ] fine
- [ ] finger
- [ ] finish
- [ ] fire
- [ ] first
- [ ] fish
- [ ] five
- [ ] flat
- [ ] floor
- [ ] flower
- [ ] fly
- [ ] food
- [ ] fool
- [ ] foot
- [ ] football
- [ ] for
- [ ] forest
- [ ] forget
- [ ] fork
- [ ] forty
- [ ] four
- [ ] fourteen
- [ ] fox
- [ ] free
- [ ] fresh
- [ ] Friday
- [ ] friend
- [ ] friendly
- [ ] frog
- [ ] from
- [ ] front
- [ ] fruit
- [ ] full
- [ ] fun
- [ ] funny
- [ ] future

G
- [ ] game
- [ ] garden
- [ ] gas
- [ ] gentleman
- [ ] get
- [ ] girl
- [ ] give
- [ ] glad
- [ ] glass
- [ ] glove
- [ ] go
- [ ] goal
- [ ] god
- [ ] gold
- [ ] golden
- [ ] golf

G-M

- [ ] gone
- [ ] good
- [ ] goodbye
- [ ] grandfather
- [ ] grandmother
- [ ] grass
- [ ] gray
- [ ] great
- [ ] green
- [ ] ground
- [ ] group
- [ ] grow
- [ ] guest
- [ ] guide
- [ ] guitar
- [ ] gun

H

- [ ] hair
- [ ] half
- [ ] hand
- [ ] happen
- [ ] happiness
- [ ] happy
- [ ] hard
- [ ] has
- [ ] hat
- [ ] have
- [ ] he
- [ ] head
- [ ] healthy
- [ ] hear
- [ ] heart
- [ ] heavy
- [ ] hello
- [ ] help
- [ ] her
- [ ] here
- [ ] hers
- [ ] hi
- [ ] high
- [ ] hill
- [ ] him
- [ ] his
- [ ] history
- [ ] hit
- [ ] hobby
- [ ] hold
- [ ] hole
- [ ] holiday
- [ ] home
- [ ] homework
- [ ] honest
- [ ] honey
- [ ] hope
- [ ] horse
- [ ] hospital
- [ ] hot
- [ ] hotel
- [ ] hour
- [ ] house
- [ ] how
- [ ] hundred
- [ ] hungry
- [ ] hurry
- [ ] hurt
- [ ] husband

I

- [ ] I
- [ ] ice
- [ ] idea
- [ ] if
- [ ] ill
- [ ] important
- [ ] in
- [ ] inside
- [ ] interest
- [ ] interested
- [ ] interesting
- [ ] into
- [ ] invite
- [ ] is
- [ ] island
- [ ] it
- [ ] its

J

- [ ] jam
- [ ] January
- [ ] job
- [ ] join
- [ ] joke
- [ ] joy
- [ ] juice
- [ ] July
- [ ] jump
- [ ] June
- [ ] junior
- [ ] just

K

- [ ] keep
- [ ] key
- [ ] kick
- [ ] kid
- [ ] kill
- [ ] kind
- [ ] king
- [ ] kiss
- [ ] kitchen
- [ ] knee
- [ ] knife
- [ ] know

L

- [ ] lady
- [ ] lake
- [ ] land
- [ ] language
- [ ] large
- [ ] last
- [ ] late
- [ ] later
- [ ] laugh
- [ ] leaf
- [ ] learn
- [ ] leave
- [ ] left
- [ ] leg
- [ ] lesson
- [ ] let
- [ ] letter
- [ ] level
- [ ] library
- [ ] life
- [ ] light
- [ ] like
- [ ] line
- [ ] lion
- [ ] lip
- [ ] list
- [ ] listen
- [ ] little
- [ ] live
- [ ] long
- [ ] look
- [ ] lose
- [ ] love
- [ ] low
- [ ] lucky
- [ ] lunch

M

- [ ] machine
- [ ] magazine
- [ ] mail
- [ ] make
- [ ] man
- [ ] many
- [ ] map
- [ ] March
- [ ] market
- [ ] marry
- [ ] master
- [ ] matter
- [ ] may
- [ ] May
- [ ] me
- [ ] meal
- [ ] mean
- [ ] meat
- [ ] meet
- [ ] meeting
- [ ] member
- [ ] memory
- [ ] men
- [ ] meter

M-R

- middle
- midnight
- mile
- milk
- mind
- mine
- minute
- mirror
- miss
- Miss
- mistake
- Monday
- money
- monkey
- month
- moon
- more
- morning
- most
- mother
- mountain
- mouse
- mouth
- move
- movie
- Mr.
- Mrs.
- Ms.
- much
- museum
- music
- musician
- must
- my

N
- nail
- name
- narrow
- natural
- near
- necessary
- neck
- need
- neighbor
- never
- new
- news
- newspaper
- next
- nice
- night
- nine
- nineteen
- ninety
- no
- nobody
- noise
- none
- noon
- north
- nose
- not
- note
- notebook
- nothing
- November
- now
- number
- nurse

O
- o'clock
- October
- of
- off
- office
- often
- oh
- oil
- OK
- old
- on
- once
- one
- only
- open
- or
- orange
- order
- other
- our
- ours
- out
- outside
- over

P
- page
- paint
- pair
- pants
- paper
- parent
- park
- part
- party
- pass
- past
- pay
- pen
- pencil
- people
- percent
- perhaps
- person
- pet
- phone
- photograph
- piano
- pick
- picnic
- picture
- piece
- pig
- pilot
- pink
- pipe
- place
- plan
- plane
- plant
- play
- please
- pocket
- point
- police
- policeman
- pool
- poor
- popular
- pork
- post
- pot
- potato
- pound
- power
- practice
- present
- pretty
- price
- promise
- proud
- pull
- push
- put

Q
- quarter
- queen
- question
- quick
- quickly
- quiet

R
- rabbit
- race
- radio
- rain
- rainy
- reach
- read
- ready
- real
- really
- receive

R-T

- [ ] red
- [ ] remember
- [ ] restaurant
- [ ] return
- [ ] rice
- [ ] rich
- [ ] ride
- [ ] right
- [ ] ring
- [ ] rise
- [ ] river
- [ ] road
- [ ] robot
- [ ] rock
- [ ] rocket
- [ ] roof
- [ ] room
- [ ] rope
- [ ] rose
- [ ] round
- [ ] rule
- [ ] run

S

- [ ] sad
- [ ] safe
- [ ] salad
- [ ] sale
- [ ] salt
- [ ] same
- [ ] sand
- [ ] sandwich
- [ ] Saturday
- [ ] save
- [ ] say
- [ ] scene
- [ ] school
- [ ] science
- [ ] sea
- [ ] season
- [ ] seat
- [ ] second
- [ ] secret
- [ ] see
- [ ] seem
- [ ] sell
- [ ] send
- [ ] September
- [ ] set
- [ ] seven
- [ ] seventeen
- [ ] seventy
- [ ] several
- [ ] shake
- [ ] shall
- [ ] shape
- [ ] sharp
- [ ] she
- [ ] sheep
- [ ] shine
- [ ] ship
- [ ] shirt
- [ ] shoe
- [ ] shop
- [ ] shopping
- [ ] short
- [ ] should
- [ ] shoulder
- [ ] show
- [ ] shower
- [ ] shut
- [ ] sick
- [ ] side
- [ ] sign
- [ ] silent
- [ ] silver
- [ ] simple
- [ ] since
- [ ] sing
- [ ] singer
- [ ] sister
- [ ] sit
- [ ] six
- [ ] sixteen
- [ ] sixty
- [ ] size
- [ ] ski
- [ ] skiing
- [ ] skin
- [ ] sky
- [ ] sleep
- [ ] sleepy
- [ ] slow
- [ ] slowly
- [ ] small
- [ ] smell
- [ ] smile
- [ ] smoke
- [ ] smoker
- [ ] smoking
- [ ] snake
- [ ] snow
- [ ] so
- [ ] soap
- [ ] soccer
- [ ] soda
- [ ] soft
- [ ] some
- [ ] somebody
- [ ] someone
- [ ] something
- [ ] sometimes
- [ ] son
- [ ] song
- [ ] soon
- [ ] sorry
- [ ] sound
- [ ] soup
- [ ] south
- [ ] space
- [ ] speak
- [ ] speaker
- [ ] special
- [ ] speed
- [ ] spend
- [ ] spoon
- [ ] sport
- [ ] spring
- [ ] square
- [ ] stamp
- [ ] stand
- [ ] star
- [ ] start
- [ ] station
- [ ] stay
- [ ] step
- [ ] still
- [ ] stone
- [ ] stop
- [ ] store
- [ ] story
- [ ] straight
- [ ] strange
- [ ] street
- [ ] strong
- [ ] student
- [ ] study
- [ ] subway
- [ ] such
- [ ] suddenly
- [ ] sugar
- [ ] suit
- [ ] summer
- [ ] sun
- [ ] Sunday
- [ ] supermarket
- [ ] sure
- [ ] surprise
- [ ] sweet
- [ ] swim
- [ ] switch

T

- [ ] table
- [ ] take
- [ ] talk
- [ ] tall
- [ ] tape
- [ ] taste
- [ ] taxi
- [ ] tea
- [ ] teach
- [ ] teacher
- [ ] team

T-Z

- [ ] telephone
- [ ] television
- [ ] tell
- [ ] ten
- [ ] tennis
- [ ] tent
- [ ] test
- [ ] textbook
- [ ] than
- [ ] thank
- [ ] that
- [ ] the
- [ ] their
- [ ] theirs
- [ ] them
- [ ] then
- [ ] there
- [ ] these
- [ ] they
- [ ] thick
- [ ] thin
- [ ] thing
- [ ] think
- [ ] third
- [ ] thirteen
- [ ] thirty
- [ ] this
- [ ] those
- [ ] though
- [ ] thousand
- [ ] three
- [ ] through
- [ ] throw
- [ ] Thursday
- [ ] ticket
- [ ] tie
- [ ] tiger
- [ ] till
- [ ] time
- [ ] tired
- [ ] to
- [ ] today
- [ ] toe

- [ ] together
- [ ] toilet
- [ ] tomato
- [ ] tomorrow
- [ ] tongue
- [ ] tonight
- [ ] too
- [ ] tooth
- [ ] top
- [ ] touch
- [ ] toward
- [ ] towel
- [ ] tower
- [ ] town
- [ ] toy
- [ ] train
- [ ] travel
- [ ] tree
- [ ] trip
- [ ] trouble
- [ ] true
- [ ] try
- [ ] Tuesday
- [ ] tunnel
- [ ] turn
- [ ] twelve
- [ ] twenty
- [ ] two
- [ ] type

U
- [ ] umbrella
- [ ] uncle
- [ ] under
- [ ] understand
- [ ] until
- [ ] up
- [ ] upon
- [ ] us
- [ ] use
- [ ] useful
- [ ] usual
- [ ] usually

V
- [ ] vacation
- [ ] vegetable
- [ ] very
- [ ] video
- [ ] videotape
- [ ] village
- [ ] violin
- [ ] visit
- [ ] visitor
- [ ] voice

W
- [ ] wait
- [ ] wake
- [ ] walk
- [ ] wall
- [ ] want
- [ ] war
- [ ] warm
- [ ] was
- [ ] wash
- [ ] watch
- [ ] water
- [ ] wave
- [ ] way
- [ ] we
- [ ] weak
- [ ] wear
- [ ] Wednesday
- [ ] week
- [ ] weekend
- [ ] welcome
- [ ] well
- [ ] were
- [ ] west
- [ ] wet
- [ ] what
- [ ] when
- [ ] where
- [ ] which
- [ ] while
- [ ] white
- [ ] who

- [ ] whom
- [ ] whose
- [ ] why
- [ ] wide
- [ ] wife
- [ ] wild
- [ ] will
- [ ] wind
- [ ] window
- [ ] wine
- [ ] winter
- [ ] wise
- [ ] with
- [ ] without
- [ ] woman
- [ ] wonderful
- [ ] wood
- [ ] word
- [ ] work
- [ ] world
- [ ] worry
- [ ] worst
- [ ] would
- [ ] write
- [ ] wrong

Y
- [ ] yard
- [ ] year
- [ ] yellow
- [ ] yes
- [ ] yesterday
- [ ] you
- [ ] young
- [ ] your
- [ ] yours

Z
- [ ] zoo

究極の英語リーディング Vol. 1

発行日：2014年7月30日（初版）
　　　　2018年7月27日（第3刷）

企画・編集：株式会社アルク　英語出版編集部
監修：辰巳友昭
英文作成：Eda Sterner Kaneko、Braven Smillie
英文校正：Peter Branscombe、Margaret Stalker
校正：いしもとあやこ
翻訳：挙市玲子

デザイン（表紙）：岡 優太郎（synchro design tokyo）
デザイン（本文）：岡 睦（mocha design）
イラスト：平尾直子、石川ともこ

ナレーション：Howard Colefield、Carolyn Miller
録音・編集：株式会社巧芸創作
CDプレス：株式会社ソニー・ミュージックコミュニケーションズ
DTP：株式会社秀文社
印刷・製本：萩原印刷株式会社

発行者：平本照麿
発行所：株式会社アルク
　　　　〒102-0073　東京都千代田区九段北4-2-6 市ヶ谷ビル
　　　　TEL: 03-3556-5501　　FAX: 03-3556-1370
　　　　Email: csss@alc.co.jp
　　　　Website: https://www.alc.co.jp/

落丁本、乱丁本は弊社にてお取り替えいたしております。
アルクお客様センター（電話：03-3556-5501　受付時間：平日9時〜17時）までご相談ください。
本書の全部または一部の無断転載を禁じます。
著作権法上で認められた場合を除いて、本書からのコピーを禁じます。
定価はカバーに表示してあります。
製品サポート：https://www.alc.co.jp/usersupport/

©2014 ALC PRESS INC. / Naoko Hirao / Tomoko Ishikawa
Printed in Japan.
PC: 7014054
ISBN: 978-4-7574-2466-1

地球人ネットワークを創る

アルクのシンボル
「地球人マーク」です。